AF614520

BIBLIOTHEQUE DE CAMPAGNE.

Ce Volume contient:

Histoire de M.elle de Terville, 1.e 2.e & 3.e Partie.

BIBLIOTHEQUE
DE
CAMPAGNE,
OU
LES AMUSEMENS DU CŒUR ET DE L'ESPRIT.

TOME III.

A AMSTERDAM,
Et se trouve
A PARIS,
Chez la Veuve DUCHESNE, Libraire, rue S. Jacques, au Temple du Goût.

17970 – 17972

HISTOIRE

DE MADEMOISELLE

DE TERVILLE.

PREMIÈRE PARTIE.

HISTOIRE

DE MADEMOISELLE

DE TERVILLE.

Par Madame de P*UISIEUX*.

PREMIÈRE PARTIE.

A AMSTERDAM,

Et se trouve

A PARIS,

Chez la Veuve DUCHESNE, rue S. Jacques, au-dessous de la Fontaine Saint-Benoit, au Temple du Goût.

M. DCC. LXVIII.

AVANT-PROPOS.

ON regarde en général la lecture des Romans comme futile & dangereuſe ; futile, parce que la plûpart ne contiennent aucunes moralités, & peignent des caracteres connus qui n'apprennent rien ; dangereuſes, parce que les mieux écrits offrent ſouvent des ſituations ſéduiſantes, capables de corrompre les mœurs. Le Roman moral devroit être regardé comme une bonne Comédie, qui préſente les ridicules ſous une forme qui les rend hideux, & donne à la jeuneſſe des leçons de vertu ſous des couleurs riantes ; l'école du monde inſtruit mieux que les préceptes ſéveres de la raiſon, & pour peu que l'on ait d'équité, on voit dans la conduite des autres de quoi ſe corriger de ſes défauts ou les moyens d'acquérir des vertus.

Le but que je me ſuis propoſé en écrivant des Romans, a toujours été de prouver quelque vérité ; par exemple, que la femme vraiement vertueuſe ſçait triompher de ſon penchant, des occaſions & des paſſions qu'elle inſpire.

Que le mérite ſuccombe preſque toujours ſous l'envie ; qu'il n'eſt beſoin dans le monde pour faire ſa fortune, ni d'eſprit, ni de mérite, ni de mœurs irreprochables. On trouve dans le contraire des exemples frappans de cette vérité.

L'hiſtoire que j'écris eſt intéreſſante pour l'Héroïne, & mene néceſſairement à faire des réflexions ſur ſa conduite, & peut-être à en tirer quelque profit : le merveilleux, ſi éloigné de la nature & de nos mœurs, n'a jamais ſçu faire une regle pour perſonne. Quelle confiance peut-on avoir dans des vertus qui ne ſont pas d'uſage parmi nous, qui n'exiſtent pas même? Mon étonnement eſt de ce qu'on admire des Acteurs qui ont mis toute leur étude & leurs talens à rendre des paſſions qu'ils ne reſſentent point, dont nous n'avons pas d'idée ; & que nous ſoyons émus par des tons & des geſtes forcés, éloignés de la nature. Les François, ſi légers & ſi doux, verſent des larmes à voir une marâtre égorger ſes enfans. L'eſprit humain peut-il ſe faire illuſion à ce point & ſe plaire à des images qui révoltent le bon ſens & l'humanité, & dont les hommes ne peuvent tirer aucun fruit, pas même pour leurs plaiſirs?

Le malheur n'eſt pas toujours la ſuite de ſes propres fautes; la ſottiſe des parens, la mauvaiſe éducation, les exemples dangereux entraînent beaucoup de jeunes gens, qui peut-être euſſent été vertueux, ſi l'on eût puni leurs premieres fautes avec toute la ſévérité que le cas exigeoit.

L'hiſtoire de Mademoiſelle de

Terville est dans l'exacte vérité: elle n'aura peut-être que ce mérite, qui est toujours intéressant; je remplis les vûes que je me suis proposées, d'encourager les femmes à la vertu pour leur propre intérêt & pour l'honneur de leur sexe. Il y a dans ces Mémoires des exemples effrayans des suites du vice, & des malheurs qu'entraîne le déréglement.

Cette paix profonde que laissent les passions douces, ne peut être le partage des personnes livrées à des intrigues, ou entraînées par un penchant vicieux. Car si les hommes sont souvent faux & ingrats, les femmes sont quelquefois légeres & faciles, & presque tous les malheurs dont elles se plaignent partent autant de ces deux défauts que de la perfidie des hommes.

Si la vertu n'eſt pas toujours heureuſe, elle eſt au moins ſans remords ; & c'eſt beaucoup. L'Automne d'une femme moderée reſſemble au Printems des autres : le moindre de ſes avantages eſt de conſerver ſa beauté, qui dans les autres femmes eſt depuis longtems effacée. Que reſte-t-il à la femme galante & vieille ? Le mépris des autres & l'ennui d'elle-même : il n'y en a pas une qui ne ſacrifiât volontiers ſes richeſſes pour revenir à quinze ans pauvre & ignorée ; qui ne préférât enfin une vie obſcure & ſage à tous les avantages que lui ont procuré ſes intrigues.

Madame de Terville eſt un

exemple frappant des malheurs qu'entraîne le déſordre d'une vie ſans principes ; un naturel vicieux, joint à la mauvaiſe éducation, produit infailliblement des ſujets qui déshonorent l'humanité ; l'expérience ne prouve que trop que la nature ſeule ne produit que rarement des hommes qui ſe portent au bien ſans culture. Elle les forme vicieux, & ils reſtent ordinairement comme elle les a faits.

Le titre précieux de femme de mérite ſe donne ſans réflexion : il ſuffit pour la plûpart des gens qu'une femme aime ſon mari, ſes enfans, & qu'elle aille à la Meſſe de Paroiſſe, pour lui accorder du mérite. Cette femme n'eſt qu'une femme honnête, &

tant qu'elle ne prendra pas ſoin elle-même de l'éducation de ſes enfans, elle ne ſera que fort ordinaire, & non pas digne du titre de femme de mérite, attaché aux vertus au-deſſus de celles de ſon ſexe. Mademoiſelle de Terville mérita ce titre par ſa conduite vertueuſe, ſa fermeté dans les malheurs, ſa grandeur d'ame, ſa noble fierté, ſon déſintéreſſement, ſa modeſtie dans la proſpérité. Mademoiſelle Lovel eût été une femme de mérite ſans ſa diſſimulation, qui gâta ſon beau naturel, & la mit ſouvent au rang des femmes ordinaires. La diſſimulation approche ſi fort de la fauſſeté, que je n'oſerois prononcer ſur le mérite d'une perſonne qui auroit ce défaut.

HISTOIRE

HISTOIRE
DE MADEMOISELLE
DE TERVILLE.

PREMIERE PARTIE.

E Baron de Premur prévoyant que, s'il reſtoit au ſervice, il pourroit manger le fond de ſa baronnie, & peut être revenir avec un bras ou un œil de moins, ſe hâta de quitter un état pour lequel il ne ſe ſentoit pas un goût décidé. Il revint donc à trente ans jouir des douceurs de la vie champêtre, & de douze cents livres de rente, pro-

venant d'une petite terre en Picardie, dont la mort de ſon pere le mettoit en poſſeſſion.

Il trouva cette terre ſuffiſamment garnie de meubles, & en aſſez bon état; ſon fuſil, & ſa baſſe-cour le mirent à portée de vivre très-commodément: mais la paſſion des gens oiſifs vint tout à coup l'aſſaillir ; le mariage lui parut le but qu'il devoit ſe propoſer : il penſa qu'une femme, en lui apportant une dot honnête, lui ſerviroit de compagne & augmenteroit ſes revenus : dans cette louable intention il parcourut tous les environs de Premur, nom de ſa terre, pour trouver une perſonne qui pût remplir ſes arrangements. Quelques campagnes qu'il avoit faites en Flandres & en Allemagne lui avoient formé le jugement : il ne trouva pas de fille qui lui convînt : les unes n'étoient pas aſſez riches ; les autres avoient paſſé trente ans ; les autres enfin fieres, ſottes, vaines & maigres l'éloignoient encore plus : il aimoit les richesses, la jeunesse, l'enjouement, & surtout l'embonpoint dans une femme.

Son Curé avoit une niéce d'environ vingt-ans, faite à ravir, très-décidée, fort vive, & dont les charmes étoient célèbres dans le canton; le Baron de Premur en avoit ressenti le pouvoir : mais sa fierté se révoltoit contre un engagement si contraire à ses nobles projets : il lui falloit une Demoiselle bien prouvée, & la belle Lusy étoit à peine sortie d'une honnête famille : la qualité de niéce de Curé étoit l'unique titre qu'elle possedât : mais la beauté rapproche tout ; & la vertu dans ces tems éloignés étoit encore comptée pour quelque chose.

Le titre de Baron, qui n'a plus aujourd'hui de cours qu'en Allemagne, n'étoit point regardé avec indifférence par les filles qui pouvoient prétendre à Mr. de Premur : il n'étoit pas d'ailleurs d'une figure à dédaigner ; toutes ces considérations lui attiroient beaucoup de minauderies de la part des personnes qui avoient des desseins sur lui, & des prévenances des parents qui avoient des filles à marier. Sa position étoit très-agréable ; mais l'amour vint tout à coup troubler cette félicité ; Lusy se trouvoit partout où le Baron pouvoit se rencontrer : soit par hazard, soit qu'elle eût des vues sur lui, il la voyoit souvent ; bientôt il devint assidu chez le Curé : comme il avoit eu quelques fantaisies de garnison, il crut qu'il en seroit de même du goût qu'il se sentoit pour l'aimable Lusy ; il imaginoit tant de distance entre elle & lui, qu'il ne pouvoit prévoir qu'il seroit un jour trop heureux d'en être accepté pour époux. Lusy avoit pris son Oncle pour confident ; cet homme fin, adroit & aimant sa niéce, crut qu'en se prêtant honnêtement à établir un petit commerce tendre entre elle & le Baron, il pourroit lui procurer un établiſſement aſſez conſidérable: il lui dit, qu'il falloit garder un juſte milieu entre trop de rigueur & trop de complaiſance, donner des eſpérances au Baron ſans bleſſer la vertu; maxime de coquetterie qu'on n'auroit pas dû attendre d'un Curé de village.

Luſy avoit de l'eſprit, & étoit femme: elle entendit à merveille les leçons de ſon Oncle; auſſi les mit-elle en uſage; il falloit d'abord faire expliquer le Baron: le bon Curé craignoit l'humeur de ſa niéce, & encore plus le nom, toujours impoſant pour une fille de ſa ſorte, de Seigneur de paroiſſe.

Un ſoir en revenant de la chaſſe le Baron deſcendit chez ſon Curé, & lui demanda à ſouper: l'Oncle & la niéce lui parurent triſtes pendant le repas: le bon prêtre ne diſoit rien; le

Baron lui en demanda la cause. Helas! reprit le Curé, c'est une lettre que j'ai reçue ce matin, qui me donne tant de souci. Une sœur que j'ai à Beauvais me demande ma niéce : j'ai combattu depuis longtemps pour lui faire ce sacrifice ; mais nous avons des ménagements à garder avec elle ; il faudra bien se resoudre à cette séparation : le Baron à ce discours sentit son cœur fortement pressé. Le Curé s'en apperçut, & pour augmenter son trouble, il saisit le moment qu'elle n'y étoit pas, & lui dit en soupirant ; c'est une charmante fille que ma niéce, toujours égale, toujours gaïe ; mais il faut bien m'en détacher pour son propre bien : car que trouveroit-elle ici? continua-t'il, jamais autant qu'elle le mérite, assurément.

Le Baron parut agité & sentit que Lusy lui tenoit au cœur bien plus fortement qu'il n'avoit cru ; mais sa fierté se réveilla : il se retira triste & pensif, ne dormit point, ſortit de grand matin avec ſon fuſil, fit beaucoup de chemin, tira ſouvent & manqua le gibier. C'eſt alors qu'il fit de ſérieuſes réflexions ſur l'état de ſon cœur. Quoi! Moi, ſe diſoit-t'il, le plus hardi chaſſeur de la province, je tire & ne tue rien! cruel Amour, que deviendrai-je? Faut-il que je dégénere de mes ancêtres, en épouſant une Roturiere? Mais cette Roturiere eſt belle, & je l'aime! N'importe: fuyons plutôt à l'extrémité de la terre, que de mêler ainſi le ſang des Premur, & de m'abaiſſer juſqu'à ce point.

Après cette réflexion, il reprit le chemin de ſon petit château: il n'avoit pas fait cent pas, qu'il rencontra Luſy avec ſon Oncle! A cette vue le Baron rougit; ſon cœur s'émut; il oublia qu'il vouloit *fuir aux extrémités de la terre*, joignit ſa belle & ne la quitta plus du reſte de la journée. Le Curé lui ménagea quelques moments d'entretien avec ſa niéce, qui ne nuiſirent point à leurs projets : c'eſt ici que toute la fermeté du Baron l'abandonna ; il y a longtems, lui dit-il, Mademoiſelle, que je vous aime. J'ai penſé, reprit Luſy, que vous ne me haïſſiez pas : mais je ne me ſuis jamais flattée que vous ſongeaſſiez ſérieuſement à moi ; je connois toute la diſtance qu'il y a entre nous. Je le ſçai, continua le Baron en ſoupirant, & voilà ce qui me déſeſpere. Après cet aveu, dit Luſy en feignant du dépit, il ne m'eſt plus permis, Monſieur, de vous entendre, & je vais prier mon Oncle de vous venir tenir compagnie.

Ces mots prononcés avec aſſez de fermeté furent un coup de foudre pour le Baron. Mais je ne vous ai pas dit, Mademoiſelle, que j'euſſe renoncé à vous ! Je ſuis franchement fort embarraſſé : car je ſens bien que je vous aime plus qu'il ne faut pour mon repos : mais mon honneur, si je vous épouse, sera terriblement endommagé. Que diroient mes Ancêtres, s'ils pouvoient voir que je balance à faire un généreux effort? Cet homme qui n'avoit pas craint de quitter le service avant trente ans, appréhendoit d'épouser une fille honnête & vertueuse, parce qu'elle n'étoit point noble: Lusy qui avoit le cœur libre, & de l'esprit, feignit de se fâcher de l'incertitude injurieuse du Baron, & des propos qu'il lui tenoit. Oui, Monsieur, lui dit-elle, vous avez raison: il ne faut pas qu'un Gentilhomme se mésallie: mais il ne faut pas qu'une fille de ma sorte écoute un Gentilhomme qui ne veut pas se mésallier.

Le Baron ne sçavoit que repondre; il sentoit qu'il venoit de dire bien des sottises; Lusy rioit en elle-même de son embarras, & paroissoit outrée de dépit; ils étoient tous les deux dans une situation singuliere. Quand le Curé revint, il ne ſavoit que penſer: il eût bien voulu s'éclaircir: mais il y auroit eu de l'affectation à marquer de la curioſité: nous allons donc la perdre, dit-il, cette chere enfant: que vais je devenir? Il ſe mit à pleurer. Le Baron ſe levant comme un fol frappant du pied, dit, qu'il y mettroit bon ordre: Monſieur, repliqua le Curé, doucement: j'ai fait réponſe à ma ſœur; je ne puis differer d'avantage ſon départ; & dans deux jours au plus tard elle ne ſera plus ici. Cela ne ſera point, vous dis-je, reprit le Baron. Je dois avoir quelque pouvoir ici. Monſieur, répondit le Curé, j'ai beaucoup de déférence pour vous; mais vous n'avez aucune autorité ſur nous; votre vivacité m'éclaire ſur vos ſentiments pour ma niéce; & je la ferai partir un peu plutôt, à cauſe de cette remarque que j'aurois dû faire il y a long-tems.

Le Baron ſe promenoit à grands pas,

regardant tantôt le Curé, tantôt Lusy ; il respectoit le bon Prêtre qui étoit le seul homme de qui il eût reçû quelqu'éducation : il lui avoit des obligations si essentielles, qu'il n'osa s'expliquer avec plus d'emportement ; cependant il falloit parler ou voir partir Lusy ; l'alternative étoit embarrassante. Quel mal y a-t'il, demanda le Baron, d'aimer votre niéce ! Il n'y en auroit pas, Monsieur, continua le Curé, si vous ayiez des intentions légitimes : mais vous n'auriez pas attendu si longtems à vous en expliquer avec moi ; je ne suis plus le maître de la faire rester, & elle est trop sage pour vouloir demeurer ici après ce que vous venez de dire.

Pendant ce discours le Baron s'agittoit, frappoit du piéd, juroit qu'il ne souffriroit jamais qu'on éloignât Lusy. Monsieur, dit le Curé, je ne suis pas d'humeur de souffrir de pareilles vivacités ; ma niéce partira malgré tous vos efforts : je vous prie même de ne point afficher un entêtement, qui ne pourroit que nuire à sa réputation ; je sçai comment le monde raisonne ; peut-être pense-t'on déjà, qu'elle est de moitié dans les extravagances que vous faites; & si vous voulez que je vous parle franchement, je me hâte de l'éloigner dans la crainte des mauvais discours : le Baron qui ne pouvoit se resoudre, ni à voir partir sa maitresse, ni à l'épouser, demanda jusqu'au lendemain pour rendre une réponse positive ; il se retira chez lui en pensant au pouvoir de l'amour, & à ce qu'il devoit à son nom

Il ne dormit point : son inquiétude le fit sortir de grand matin ; il s'enfonça dans un petit parc qui terminoit un jardin assez vaste : il avoit lu quelques vieux romans, & se rappellant toutes les idées folles qui pouvoient entretenir sa passion & ses rêveries, il parcourut beaucoup de chemin ſans s'en appercevoir : enfin ſortant tout à coup de ſon incertitude, il ſe détermina à offrir ſa fortune & ſa main à la niéce de ſon Curé : plus tranquille après cette réſolution, il rentra chez lui dans l'intention d'en ſortir peu après pour ſe rendre où ſon amour l'appelloit : il étoit à peine revenu qu'un Gentilhomme du voiſinage vint lui rendre viſite : le Baron étoit ſi agité, qu'il ne put cacher long-tems le deſſein qu'il venoit de former ; cet homme étoit encore plus entêté de ſa nobleſſe que le Baron, & fort capable de le détourner de faire un généreux éffort en faveur des charmes & de la vertu de Luſy : après une confidence entiere de la part du Baron, il fut réſolu entr'eux qu'il iroit à Paris chercher dans les plaiſirs de cette grande ville, une diverſion à un amour ſi diſproportionné.

Le lendemain il fit ſeller un cheval, & ſuivi d'un valet qui lui ſervoit de jardinier, il prit le chemin de la capitale, où il arriva le troisiéme jour, non ſans ſonger à ce qu'il quittoit, & ſans être tenté de retourner ſur ſes pas : il étoit parti ſans prendre congé de perſonne ; ſon abſence fit grand bruit : le Curé ſe repentit preſque de ſon ſtratageme ; il n'étoit plus tems d'y remedier, & pour donner un air de vraiſemblance à ce qu'il avoit avancé au Baron, il envoya ſa niéce à Beauvais chez une de ſes Tantes : cette Tante étoit malheureuſement pour Luſy, une veuve chagrine, devote & avare ; l'ennui la ſurprit, bientôt elle maigrit, devint malade & finit par écrire une lettre à ſon Oncle de la reprendre avec lui.

Le Baron de ſon côté n'étoit pas plus heureux ; Paris l'ennuya ; il épuiſa les premiers jours toutes les reſſources des gens de Province peu riches : il alla aux Spectacles, dans quelques maiſons de jeu où il perdit quelqu'argent mauſſadement avec des femmes, qui malgré lui l'obligerent à faire des comparaiſons favorables à ſon aimable Luſy.

Il n'avoit pas quitté Premur, ſans laiſſer des ordres de l'inſtruire de ce qu'elle étoit devenue : il apprit qu'elle étoit partie deux jours après lui : cette nouvelle le conſola un peu de l'ennuyeux ſéjour qu'il faiſoit à Paris; mais ne pouvant effacer cette vive image de ſon cœur, ſes fonds diminuant à vue d'œil, & ayant paſſé ſix ſemaines dans cette grande Ville, il reprit le chemin de ſon vieux Château ; il n'en étoit plus qu'à deux lieues, quand il apperçut au clair de la lune une femme montée ſur un cheval ſi fatigué, qu'il ne vouloit pas marcher, malgré les coups redoublés qu'une eſpèce de payſan lui donnoit pour le faire avancer. Le Baron galant n'avoit garde de laiſſer une femme dans l'embarras, ſurtout la nuit au milieu du chemin ; il s'approcha & offrit de la prendre en croupe ! Quelle fut la ſurpriſe de tous les deux, quand il apperçut dans la Dame ſa charmante Luſy, revenant chez ſon Oncle, & qu'elle reconnut le cavalier pour le Baron de Premur. Le dernier ſentit ſon amour ſe reveiller plus ardent que jamais ; Luſy crut qu'il ne falloit plus montrer au Baron tant de rigueur, dans la crainte qu'il ne ſuivît ſon premier deſſein ; on revint au village fort ſatisfait : deux lieues de chemin dans l'obſcurité avancent bien les affaires d'un amant ; on ſe promit de ſe voir ; on maudit mille fois le moment où l'on s'étoit quitté ; Luſy avoua au Baron qu'elle l'avoit regretté ; & le Baron lui jura, que toutes les beautés de Paris ne pouvoient entrer en comparaiſon avec elle. La franchiſe en amour reuſſit quelque-fois ; dans cette occaſion elle fut plus heureuſe que la méthode contraire ne l'avoit été au Curé : la naïveté de Lusy acheva de déterminer son Amant à lui donner sa main.

Le Curé reçut sa niéce avec une joye incroyable, & augura bien de sa rencontre avec le Baron, qui ne voulant plus être contrarié par sa fierté, ni par ses voisins, se hâta d'épouser sa maîtresse ; la cérémonie s'en fit sans beaucoup de pompe ; quatre personnes seulement furent invitées à ce mariage, qui demeura secret jusqu'à ce que Madame de Premur fut avancée dans sa grossesse : les personnes qui l'avoient d'abord soupçonnée d'un commerce indécent furent les premieres à rendre justice à sa vertu & à la rechercher.

Un an après elle mit au monde une fille, qui figurera beaucoup dans cette histoire; & qui devint bientôt un prodige d'égarements & de méchancetés ; Madame de Premur dont l'éducation avoit été très négligée, ne pouvoit en donner une meilleure à sa Fille; sans principes sans talens, sans idées, elle n'étoit redevable qu'à la nature seule & à son bon esprit des qualités qu'elle possédoit; contente de son sort, se regardant comme fort au-dessus de ce qu'elle pouvoit jamais esperer, elle borna toute son ambition à faire valoir le bien de son mari, & à nourrir ses enfants, qui sans les soins de son Oncle, n'auroient pas sçu lire. Cette négligence sur l'éducation parmi la noblesse de province est si commune qu'il n'est pas étonnant qu'elle produise de tems en tems des monstres, qui déshonorent l'humanité. N'en déplaise à quelques Philosophes modernes, la nature dirige mal un mauvais cœur, & le bon ne devient pas meilleur sans culture.

Mademoiselle de Premur devint bientôt l'objet de l'amour de son Pere; à douze ans elle le suivoit à la chasse, montoit à cheval, tiroit un coup de fusil aussi bien que le premier chasseur : cet exercice violent forma son corps & la rendit d'une force singuliere : mais ne cultiva pas son esprit. Cependant elle songea qu'il étoit necéssaire de sçavoir quelque chose, elle se munit de tous les livres qui étoit restés dans les armoires à Premur , parmi lesquels il y en avoit dont on n'auroit pas dû lui permettre la lecture ; quelques anciens romans où la vertu étoit traitée à la rigueur furent rejettés : elle les dédaigna, pour s'attacher à ceux qui étoient propres à l'instruire du vice. Elle choisit ces derniers par préférence pour le sujet de ses méditations : les questions indiscrettes qu'elle faisoit étoient regardées par son pere, comme l'effet d'un esprit prodigieux ; & loin de la reprendre vivement sur des curiosités fort dangeureuses, on lui expliquoit les mystères les plus cachés, & qui doivent être les plus ignorés des jeunes perſonnes. Il eſt auſſi dangereux d'inſtruire les jeunes-gens des choſes qui peuvent éveiller leurs paſſions, que de leur laiſſer ignorer ce qui peut y mettre un frein. Auſſi y a-t-il peu de meres qui ſoyent en état d'élever leurs enfans elles mêmes ; apparemment qu'elles ſe rendent juſtice ſur cet article.

On juge bien qu'avec une auſſi mauvaiſe éducation, un temperament impétueux, un eſprit entreprenant, aucuns principes, nulle idée de vertu, Mademoiſelle de Premur devoit faire une femme étonnante : elle avoit reçû de la nature le plus bel extérieur : ſa taille étoit grande, bien proportionnée; ſa peau un peu brune, mais la fineſſe de ſes traits faiſoit oublier ce défaut ; & les couleurs qui les animoient, ſembloient y donner un nouvel éclat & plus de vivacité. Une phiſionomie fière, une démarche noble annonçoient de l'honneur, quoiqu'elle ne le connut jamais que de nom:

Le Baron de Premur vit avec affez d'indifférence croître trois fils, que fa femme lui donna dans les premières années de fon mariage; fa fille feule l'interreffoit; car fitôt que fes enfants furent en âge de prendre un parti, il en deftina un à l'état écléfiaftique; & les deux autres furent confiés à un parent, officier de vaiffeau qui partoit pour le Canada. Ainfi, il ne refta à la maifon que la jeune de Premur, & l'on oublia prefque fes freres.

Le Baron ne pouvoit penfer fans douleur, qu'un jour il faudroit fe féparer de fa fille en la mariant; il refufa les premiers partis qni fe préfenterent en difant, qu'elle étoit trop jeune. Les hommes à prétentions continuerent d'offrir leurs vœux à Mademoifelle de Premur: fa mere trouvoit cette compagnie fort à charge, vû la médiocrité de fa fortune, & l'ordre œconomique qu'elle avoit établi dans fa maifon:

elle en parla à ſon mari, & il conclut, que vû les dépenſes qu'occaſionnent les viſites fréquentes, on marieroit la jeune de Premur au premier prétendant qui ne demanderoit point de dot ; c'étoit rejetter bien loin ſon établiſſement ; car on commençoit à juger mal de ſon caractère : peut-être formoit-on dès lors des conjectures ſur ſa conduite.

Le vieux Curé vivoit encore, & avoit ſagement penſé, que ſi on laiſſoit long-tems ſa petite niéce ſans être mariée, elle couroit riſque de ne l'être jamais, & qu'elle feroit quelqu'équipée qui les déshonoreroit tous ; il étoit le ſeul qui oſât lui faire des remontrances, & lui parler de ſes déffauts. Auſſi l'évitoit-t'elle avec un ſoin particulier, & ne l'appelloit plus que ſon Oncle le radoteur. Tant qu'il vécut, elle ſe contint aſsez: mais, quand il fut mort, n'y ayant plus perſonne qui prît garde à ſa conduite, elle ſe livra à tous les travers qui lui paſserent par la tête.

Il y a peut-être de la témérité de déveloper ce caractère odieux, & une conduite auſſi indécente; mais de tous tems, il y a eû des prodiges de méchanceté, comme des modèles de vertu: d'ailleurs, je ne penſe pas que l'exemple de Mademoiſelle de Premur, puiſse encourager perſonne à le ſuivre : les traits de galanterie peuvent être ſéduiſans; mais l'inhumanité ne peut jamais entrainer perſonne, ſurtout dans un ſiécle où l'amour du plaiſir eſt le ſeul à qui l'on ſacrifie : s'il n'eſt pas toujours honnête, il adoucit au moins les mœurs, en les corrompant; ce n'eſt pas tout perdre.

Le vieux Curé étant mort, l'Evêque écrivit au Baron en faveur d'un jeune Ecléſiaſtique qu'il protégeoit, & qui fut nommé auſſitôt à la cure de Premur, dont il prit poſseſſion peu de jours après. Tout prévint d'abord en ſa faveur; ſa douceur, sa modestie firent juger qu'il alloit être le modèle de sa paroisse : il n'y eût que Mademoiselle de Premur qui en jugea autrement : peut-être prit-elle dès lors la résolution de le détourner de ses devoirs.

Mr. Lovel (c'est ainsi que se nommoit le nouveau Curé) avoit une figure aimable, un esprit doux & complaisant, un caractère timide & foible, & beaucoup de penchants contraires à l'état qu'il avoit embrassé forcément.

Né d'une famille noble du Dauphiné persecutée pour la religion protestante, il fut enlevé à ses parens à l'âge de dix ans, mis dans un collège à Paris, & élevé dans les principes de la communion romaine ; quand il eut fini ses études, on lui annonça qu'il n'y avoit qu'un parti pour lui, celui de se faire Prêtre, sans consulter ses inclinations, il obéit à son Evêque malgré ses repugnances, désesperant de pouvoir rejoindre

rejoindre son pere qui s'étoit retiré en Hollande avec deux fils, qu'il avoit soustraits à l'horrible persécution exercée en Dauphiné contre les Protestans.

Monsieur Lovel ne fut pas plutôt installé dans son bénéfice, qu'il songea à faire venir sa sœur qui étoit pensionnaire dans un Couvent en basse Normandie. Il eut d'abord beaucoup de peine à obtenir cette grace de ses protecteurs : mais enfin l'Evêque de B***. l'ayant demandée, elle partit de C.. pour venir demeurer avec son frere.

Elle arriva à Prémur pour la désolation de Mademoiselle de Prémur, qui ne la vit point sans une mortelle jalousie. Mademoiselle Lovel faisoit un contraste parfait avec elle ; mais jamais deux personnes n'avoient eu moins de sympathie. Aussi prirent-elles l'une pour l'autre beaucoup d'éloignement ; avec cette différence, que Mademoiselle

Lovel avoit l'ame trop généreuſe pour nuire à perſonne, & que Mademoiſelle de Prémur cherchoit toutes les occaſions de faire de la peine à tout le monde.

Mademoiſelle Lovel avoit été enlevée en même tems que ſon frere, & miſe au couvent des Urſulines de B.. Le Miniſtre en prit ſoin, & lui fit donner une éducation conforme à ſa naiſſance. Elle reſta dans ce couvent juſqu'à quinze ans : la Marquiſe de M.. qui prit de l'amitié pour elle, la demanda à ſes protecteurs, qui connoiſſant la haute vertu de cette Dame, voulurent bien la lui confier. Mademoiſelle Lovel trouva ſa ſituation plus heureuſe avec la Marquiſe, parce qu'elle jouiſſoit de plus de liberté pour écrire à ſes parens, & en recevoir des nouvelles ; ils lui faiſoient même de tems en tems tenir de petites ſommes d'argent pour ſon entretien.

La Marquiſe de M.. étoit reſtée veuve encore jeune : ſa piété, & encore plus l'amour du repos, l'avoie n empêchée de ſonger à de ſecondes nôces. Il lui reſtoit deux fils ; l'aîné étoit dans le ſervice, & le plus jeune, deſtiné à l'ordre de Malte, n'avoit pas voulu s'engager dans l'état Eccléſiaſtique. Mademoiſelle Lovel ne connoiſſoit les deux freres, que par ce qu'elle en avoit entendu dire à leur mere, & aux perſonnes de la maiſon. L'aîné étoit à l'armée, & l'autre voyageoit.

Il y avoit deux ans qu'elle menoit à M.. une vie douce & tranquille, quand le Marquis arriva de l'armée. Mademoiſelle Lovel le vit avec beaucoup d'indifférence : il n'en fut pas de même du Marquis ; elle fit ſur lui une vive impreſſion. Il tâcha, les jours ſuivans, de lui déclarer ſon amour : mais ſoit qu'elle l'eût pénétré, ou, ce qui eſt plus vraiſemblable, qu'il ne trouvât pas d'occasion, il fut plus de deux mois sans pouvoir l'entretenir en secret. Il tâcha de se dédommager de cette contrainte par ses regards, & par des soins assidus; Mademoiselle Lovel, peu faite aux empressemens de l'amour, prit pour simple politesse les attentions du Marquis.

Soit qu'il crût qu'une Demoiselle qui étoit placée auprès de sa Mere ne pouvoit résister à ses offres, ou qu'accoutumé aux aventures de garnison, il n'eût pas grande opinion de la vertu des femmes; il se promit beaucoup de la complaisance de Mademoiselle Lovel qui l'écouta d'abord sans dédain, mais avec une fermeté qui l'étonna: sa vertu, sa raison, & plus encore sa froideur, lui firent désespérer de la toucher. Elle ignoroit encore ce trouble dangereux, l'écueil de toutes les résolutions de son sexe, & le poison de la sagesse.

Le Marquis n'étoit point l'objet qui devoit troubler sa tranquillité.

Madame de M.. étoit méfiante ; elle s'étoit apperçue des empressemens du Marquis pour Mademoiselle Lovel, & craignant qu'elle ne se servît de ses charmes pour engager son fils dans un mariage désavantageux, elle épia toutes les occasions de s'éclaircir de l'intelligence qu'elle soupçonnoit, & que Mademoiselle Lovel étoit bien loin d'entretenir. Les moindres politesses devinrent pour la Marquise des preuves claires ; ne pouvant résister à ses appréhensions, elle fit appeller Mademoiselle Lovel dans son cabinet.

Je ne m'attendois pas, lui dit-elle, que vous me donneriez un jour des inquiétudes. Moi, Madame, reprit Mademoiselle Lovel ! par où & comment aurois-je pu vous déplaire ? Il est inutile, continua la Marquise, de diſſimuler avec moi : ce ſeroit ajoûter une nouvelle preuve d'ingratitude. Moi, Madame, dit Mademoiſelle Lovel, moi, ingrate & diſſimulée ! Je vous prie de m'apprendre à quel titre j'ai pu mériter de pareils ſoupçons.

La Marquiſe parut en colere, & ſe reprenant bruſquement : Eh bien ! puiſque vous ne voulez pas convenir de vos torts, préparez-vous à retourner dans votre couvent ; car, ajoûta-t-elle, je ſerois au déſeſpoir d'être la cauſe de votre perte. Qu'entendez-vous par ma perte, demanda Mademoiſelle Lovel ? J'entends, reprit la Marquiſe, que les Officiers ſont des libertins qui ne cherchent qu'à paſſer le tems avec de jeunes perſonnes aſſez crédules pour ſe fier à leurs promeſſes, & s'il arrivoit quelque déſordre dans ma maiſon, je ne m'en conſolerois jamais.

Mademoiſelle Lovel étoit ſi étonnée de ces propos, que la Marquiſe auroit pu les continuer ſans qu'elle eût eu la force d'y répondre : mais voyant qu'elle ne diſoit plus rien ; je ne vous comprends pas, Madame, reprit Mademoiſelle Lovel ; je n'ai rien de commun avec des Officiers, encore moins avec des libertins. Puiſqu'il faut abſolument vous dire les choſes clairement, répondit la Marquiſe, je me ſuis apperçue des ſentimens de mon fils pour vous ; comme il ne peut pas avoir un but légitime, je ne veux point vous laiſſer expoſée à ſes attaques & à ſes ſéductions. Je ſçaurai me défendre, reprit Mademoiſelle Lovel aſſez fiérement, de ſes attaques & de tout ce qui vous allarme ſur ma vertu. Vous pouvez, Madame, donner vos ordres pour qu'on me conduiſe au couvent, dont vous m'avez tirée : je regarderai comme une grace de ne point différer de m'y renvoyer : je vais de ce pas m'y préparer.

Madame de M.. fut ſurpriſe de la fermeté de Mademoiſelle Lovel. Elle s'etoit attendue à des pleurs, à des oppoſitions ; & par un caprice que l'on conçoit aiſément, elle répliqua que rien ne preſſoit, qu'elle pouvoit demeurer encore quelque tems. Mademoiſelle Lovel ne répondit point, ſe retira dans ſa chambre pour écrire à ſes parens cette nouvelle mortification ; ce n'étoit pas la ſeule qu'elle avoit eue à eſſuyer de la Marquiſe, qui, comme dévote & ſcrupuleuſe, penſoit mal de ſon prochain, avoit de l'humeur & ſe croyoit ſupérieure aux autres femmes ; elle avoit fait ſentir plus d'une fois à Mademoiſelle Lovel la ſituation forcée où elle étoit, & le malheur d'avoir des parens entêtés de la Religion de leurs peres.

Quinze jours ſe paſſerent ſans qu'elle reçût de nouvelles du Dauphiné : elles arriverent enfin ; quelle fut ſa douleur à la lecture de cette fatale lettre! Sa mere venoit de mourir; & son pere, las des persécutions qu'on lui faisoit essuyer, venoit de passer en Hollande avec le reste de sa famille. Les biens de sa maison ayant été séquestrés, Mademoiselle Lovel se vit à la veille de tomber dans la plus affreuse misere.

Elle reçut ce coup avec la plus amere douleur. Son peu d'expérience ne l'empêchoit point d'appercevoir qu'un couvent étoit la seule & unique ressource qui lui restât, & son esprit lui montroit avec effroi la dure nécessité d'un esclavage forcé; ses tristes réflexions la conduisirent bien avant dans la soirée. La Marquise la fit chercher par-tout; enfin on la trouva noyée dans ses larmes. Elle pensa que, si elle ne paroissoit point, la Marquise attribueroit peut-être son chagrin aux défenses qu'elle lui avoit faites de parler en particulier à son fils ; elle descendit la lettre de son pere à la main ; &, s'excusant de son retardement, elle la pria de la lire. Cela est fâcheux, reprit cette Dame, après avoir lu ; c'est une punition de Dieu ; il faut le louer de ce qu'il vous a préservée du poison de l'Hérésie ; vous expierez dans l'humiliation & dans la misere la faute de vos parens. Paroles bien consolantes & bien dignes d'une femme de ce caractere ! Mademoiselle Lovel ne put y résister ; elle se leva de table, remonta dans sa chambre, où elle s'enferma sans vouloir ouvrir au Marquis, qui l'avoit suivie, pénétré de dépit contre sa mere, & d'admiration pour cette charmante fille.

Il rentra, & dit à la Marquise des choses assez piquantes pour augmenter sa mauvaise humeur contre Mademoiselle Lovel, qu'elle ne manqua pas d'accuſer d'être cauſe du peu de reſpect de ſon fils, menaçant de retirer ſes bienfaits & d'abandonner cette Demoiſelle à ſa triſte deſtinée.

La douleur de Mademoiſelle Lovel avoit été ſi vive qu'elle tomba dangereuſement malade : le Marquis ſe conduiſit en amant paſſionné qui ne ménage plus rien; loin de vouloir la ſéduire, il ne s'appliqua plus qu'à réparer ſes injuſtices par les moyens les plus honnêtes. La Marquiſe vit avec chagrin que ſon zèle avoit été inconſidéré, & qu'elle avoit eu tort de croire qu'elle guériroit la paſſion de ſon fils en humiliant celle qui en étoit l'objet; elle ſe repentit, mais trop tard, de ſes tentatives, & craignant toujours qu'il ne perſiſtât dans ſes ſentimens, elle ſollicita à la Cour de l'emploi pour lui.

Il n'apprit pas ſans fureur l'intention de ſa mere; il lui dit qu'elle prenoit justement les moyens de le déterminer à des actions qu'elle appréhendoit le plus, & qu'il sçauroit un jour se soustraire à sa tyrannie. La Marquise, outrée de dépit, lui ordonna de ne plus paroître dans son appartement : il reçut ordre quelques jours après de se rendre à son Régiment qui étoit en Espagne.

Mademoiselle Lovel fut touchée des attentions du Marquis, qui lui avoit caché les différends d'entre sa mere & lui : cette connoissance n'auroit servi qu'à l'affliger davantage & à retarder sa convalescence. Cependant il ne put lui dissimuler le chagrin qu'il avoit de la quitter pour aller rejoindre l'armée; Cette nouvelle mortifia sensiblement Mademoiselle Lovel : quoiqu'elle ne sentît rien de tendre pour le Marquis, la reconnoissance lui tint lieu d'amour : elle s'y trompa, & le remerciant dans des termes pleins de tendresse, elle lui donna des espérances qui le consolerent un peu de la séparation à laquelle il étoit forcé : il la pria de retourner à son Couvent, ou dans quelqu'autre qu'elle voudroit choisir; &, ménageant sa délicatesse, il lui dit qu'il connoissoit une Dame de qualité qui prendroit soin d'elle & ne la laisseroit manquer de rien. Voyant que ce discours l'inquiétoit, il ajoûta que ce n'étoit qu'en attendant que ses protecteurs lui eussent assuré sa pension; que les obligations qu'elle croyoit lui avoir ne devoient point l'allarmer, puisqu'un jour il seroit dans le cas de les justifier.

Mademoiselle Lovel, pressée par la reconnoissance (sentiment qui chez elle étoit si vif!) lui dit qu'elle ne pouvoit mieux lui marquer son estime & sa confiance qu'en acceptant ses services, qu'elle étoit persuadée qu'il n'abuseroit point des circonstances malheureuses où elle se trouvoit. Il ne me reste plus, lui dit-elle, qu'un bien dans le monde ; & ce bien est l'honneur dont je ne m'écarterai jamais. Dans quelque situation que je me trouve, il sera ma consolation. Le Marquis ne chercha pas à la faire changer d'avis ; il la quitta en protestant qu'il l'aimeroit toute sa vie ; & prenant des mesures pour lui écrire, il se retira pénétré d'amour & d'admiration pour elle.

Deux jours après, elle reçut un billet d'une main inconnue avec une lettre de change de cent pistoles : on lui promettoit de lui faire toucher tous les six mois pareille somme. Mademoiselle Lovel soupira en songeant à la nécessité qui la forçoit de contracter des obligations avec un homme qu'elle prévoyoit ne devoir jamais être son époux, & se promettant de ne point abuser de ses services, elle prit la résolution d'écrire à ses protecteurs le besoin qu'elle avoit de leurs bontés ; elle regardoit même ce qu'elle en recevroit comme une restitution, dans le cas que les biens de sa famille ne lui fussent pas rendus. Elle ne rougissoit point de recevoir son bien-être de gens qu'elle regardoit comme les dépositaires de ses biens. Il y avoit même une justice de lui accorder une forte pension, puisqu'elle avoit été elevée dans la Religion Catholique : mais il falloit quelqu'un qui prît sa défense, & le tems n'étoit pas encore venu de pouvoir réclamer ses droits.

Le lendemain elle entra dans le cabinet de la Marquise : Madame, lui dit-elle, je viens vous remercier de vos bontés. Je vous demande pardon des chagrins que je vous ai causés & dont j'ai été très-innocente. Je vous prie de trouver bon que je me retire dans le Couvent ; j'y attendrai tranquillement ce qu'il plaira à la Providence d'ordonner de mon ſort. Qui vous y entretiendra, demanda la Marquiſe étonnée ? Les mêmes perſonnes, reprit Mademoiſelle Lovel, qui prenoient ſoin de moi, lorſque vous avez bien voulu vous en charger.

La Marquiſe fut fâchée de cette réſolution : ſon fils parti, elle étoit bien aiſe d'avoir auprès d'elle une fille de condition, aimable & douce, qui pût eſſuyer ſes caprices & lui tenir compagnie. Elle répondit qu'elle n'avoit fait partir ſon fils que pour n'être pas obligé de ſe ſéparer d'elle, & pour lui ôter de l'eſprit une paſſion contraire à ſes vues & à ſa fortune. Je crois, ma chere enfant, continua-t-elle d'un ton benin, que vous ne voudriez pas me donner le chagrin de voir mon fils perſiſter dans un ſot engagement ; vous êtes fort aimable : mais vous n'eſpérez pas.... Je n'eſpere rien, Madame, reprit impatiemment Mademoiſelle Lovel, & c'eſt parce que je n'eſpere rien, que je ſouhaitte me retirer dans une maiſon où je trouverai des ames compatiſſantes, qui ne me reprocheront pas la dure ſituation où la Providence m'a placée, ni le bien qu'elles me feront. La Marquiſe, à ce diſcours, baiſſa les yeux & ne répondit rien : elle lui avoit parlé devant ſes femmes, & cette circonſtance mortifioit Mademoiſelle Lovel : c'eſt ce qui l'avoit animée à répondre aſſez fiérement aux propos de la Marquiſe, qui ſuivoit aſſez volontiers ſon premier mouvement ſans penſer à l'effet qu'il pouvoit produire. Il y a des femmes qui prennent aſſez peu de précaution pour ménager le prochain. Il ſemble même qu'en recommandant la charité & l'honnêteté, ces deux vertus leur ſoient étrangeres, & qu'elles ne faſſent le bien que pour qu'il ſoit ſçu.

Mademoiselle Lovel se disposoit à sortir, lorsqu'elle entendit un grand bruit dans la Cour du Château ; s'étant approchée d'une fenêtre, elle vit une chaise de poste & plusieurs domestiques qui s'empressoient autour d'un jeune homme qui en descendoit. La Marquise ayant regardé aussi, s'écria : ha ! c'est mon fils le Chevalier, & courut aussi-tôt au-devant de lui avec ses femmes qui la suivirent.

Les grandes passions ne commencent jamais nonchalamment. Elles ne sont ni l'effet de la réflexion, ni la suite du raisonnement. On s'attache à un objet dans les premiers moments, parce que cet objet est selon les idées que nous nous sommes formées du beau, & les rapports que nous trouvons dans notre ame avec cet objet. Mademoiselle Lovel n'avoit qu'entrevû le Chevalier : cependant son cœur est ému, & préparé, pour ainsi dire, aux impreſſions qu'il alloit recevoir.

Le Chevalier entra avec ſa mere. Il parut ſurpris à la vûe de Mademoiſelle Lovel. Vous ne me diſiez pas, ma mere, que vous aviez chez vous une auſſi jolie perſonne ! Soit qu'il l'eût priſe pour une ſociété, ou pour une femme de chambre, ce début déplut à Mademoiſelle Lovel, qui le ſalua d'un air à lui faire changer d'opinion. La Marquiſe répondit que cette demoiſelle étoit de famille Huguenote, & qu'elle l'avoit priſe avec elle depuis deux ans ; elle paſſa enſuite dans ſon cabinet avec ſon fils. Mademoiſelle Lovel remonta dans ſa chambre, & ſe ſentit le cœur ſi ſerré qu'elle donna un libre cours à ſes larmes. La mépriſe du Chevalier l'avoit empêchée d'appercevoir le trouble que ſa preſence lui avoit cauſé ; elle avoit attribué à la confuſion ce qui étoit l'effet d'un ſentiment bien contraire. S'étant remiſe, elle s'habilla de ſon mieux & prit un ſoin particulier de ſa parure. Toutes ces choſes ſe firent ſans en deviner le motif ; elle crut que la vanité ſeule avoit part à ſes tendres précautions, & deſcendant fort agitée, elle trouva la Marquiſe avec ſon fils qui s'entretenoient de ſon voyage.

La Marquiſe avoit jugé à propos de faire voyager ſon fils au ſortir du Collége, & lui avoit donné un valet de chambre, avec le titre de Gouverneur, pour le conduire. Heureuſement ce garçon ſe trouva un homme de bien, incapable de propoſer ou de ſouffrir aucune ſottiſe à ſon jeune maître. Ainſi, après avoir employé deux ans à faire le tour de France, & fait quelque ſéjour en Italie & en Angleterre, le Chevalier revint par la Hollande, & arriva à M.**. à la plus grande ſatisfaction de ſa mere, à qui ſa longue abſence avoit donné bien de l'inquiétude.

Je ne puis m'empêcher de placer ici une réflexion toute naturelle ſur le peu de précautions que l'on prend dans le choix d'un Gouverneur, ou d'un Précepteur pour des jeunes gens de qualité. Cet emploi, d'où dépendent les bonnes ou mauvaiſes mœurs, eſt confié d'ordinaire à un homme recommandé ou protégé, qui n'a ſouvent aucune des qualités néceſſaires pour remplir des devoirs de la plus grande importance. Une mere ne rougit point de donner deux cents livres d'honoraires à un pauvre Eccléſiaſtique pour prendre ſoin de l'éducation, & corriger les ſottiſes ou les défauts de ſon fils : il eſt vrai qu'elle donne cent piſtoles de gages à ſon cuiſinier, & qu'elle s'eſt bien informée auparavant de le prendre, s'il étoit habile.

Si le Chevalier de M.. n'eut point une éducation fort cultivée, du moins les perſonnes chargées de ſa conduite ne lui inſpirerent rien d'indigne d'un homme de cœur, & ne gâterent point ſon heureux naturel. Pendant le dîner il eut toujours les yeux ſur Mademoiſelle Lovel, & parut fort diſtrait. La Marquiſe, pour augmenter ſon trouble, eut l'adreſſe de lui conter l'amour du Marquis, & les raiſons qu'elle avoit eues de l'éloigner. Il parut rêveur aux diſcours de ſa mere, & ne répondit que par un compliment très-flatteur pour Mademoiſelle Lovel, qui la fit rougir, & déplut beaucoup à la Marquiſe; quoique, comme dévote, elle ne voyoit ſouvent pas au-delà de ce qui lui frappoit les yeux. Si Mademoiſelle Lovel eût pu voir ce qui ſe paſſoit dans le cœur du Chevalier, elle ſe ſeroit trouvée bien vengée de l'injuſtice qu'il lui avoit faite d'abord. Le diſcours de la Marquiſe avoit fait une vive impreſſion ſur lui: encouragé par l'exemple de ſon frere & par ſon propre penchant, il prit pour Mademoiſelle Lovel une de ces paſſions vives & conſtantes que les ames vertueuſes ſeules peuvent reſſentir.

Le ton reſpectueux & animé du Chevalier rendit à Mademoiſelle Lovel un peu de ſécurité ; elle paſſa la journée beaucoup plus tranquillement qu'elle ne l'avoit commencée : mais le ſoir, quand elle fut retirée dans ſa chambre, elle fut ſurpriſe de ne plus ſe trouver le même empreſſement à retourner dans ſon couvent ; le lendemain elle en eut moins encore, & les jours ſuivans elle perdit entièrement ſon projet de vûe. La Marquiſe s'y trompa encore ; elle s'imagina que Mademoiſelle Lovel avoit été touchée de la façon à moitié engageante dont elle lui avoit dit de reſter, & ne lui parla de rien qui eût rapport à ſon retour au couvent, ravie de ce qu'elle ſembloit n'y plus penſer.

Le Chevalier n'avoit pas vingt ans, il étoit bien fait, doux, séduisant; l'esprit vif, délicat & juste; sa physionomie noble & spirituelle annonçoit les qualités de son ame sincere & vertueuse. Il n'avoit pas encore fait ses vœux : à peine étoit il né, qu'ayant deux aînés, on le destina à l'état Ecclésiastique, pour lequel il se sentit tant de répugnance qu'après la mort d'un de ses freres : sa mere lui permit de le quitter pour prendre la croix de Malte.

Mademoiselle Lovel étoit en femme ce que le Chevalier étoit en homme: sa beauté n'étoit pas réguliere; mais elle avoit toutes les graces que de justes proportions donnent à un corps bien fait. Ses vives couleurs animoient tous ses traits, ses yeux annonçoient les sentimens de son ame; ils l'eussent trahie mille fois, si elle eût été fausse. Ses propos & sa conduite se ressen-

toient

toient toujours de ſa réflexion ; avec beaucoup d'eſprit elle avoit reçu de la nature une ame tendre qui s'oppoſoit ſouvent à des réſolutions que ſon intelligence lui faiſoit enviſager comme néceſſaires à ſon bonheur, celle qu'elle avoit formée de retourner au couvent étoit du nombre : mais il n'étoit plus en ſon pouvoir de s'éloigner des lieux où elle voyoit l'objet de ſes plus tendres affections.

En s'examinant ſur la différence des ſentimens qu'elle avoit pour le Marquis de M. . & pour le Chevalier, elle connut le danger où elle étoit embarquée. La comparaiſon l'éclaira ſur les ſuites d'une paſſion qui ne pouvoit qu'augmenter ſes malheurs ; elle reprit le deſſein de fuir ce dangereux Château, & de retourner à ſon couvent : elle avoit écrit pluſieurs fois au Marquis que les bonnes façons de Madame de M. . l'avoient fait différer ſon départ ; mais ſe déterminant tout-à-coup à ce voyage, elle le fit ſçavoir au Marquis, qui étoit pour lors en Eſpagne.

Cependant elle n'eut pas la force de l'annoncer à la Marquiſe, elle devint rêveuſe ; ſa gaieté l'abandonna. Le tems qui étoit beau l'engageoit à ſortir pour s'enfoncer dans les détours d'un Parc très-vaſte, où elle paſſoit une bonne partie de la journée, ſur-tout quand le Chevalier étoit abſent.

Quelques mois s'étoient écoulés ſans qu'il eût oſé lui parler de ſon amour, l'idée que ſon frere l'avoit prévenu & qu'il étoit aimé, l'arrêtoit, & le plongeoit dans le plus cruel état ; ſes ſoins étoient empreſſés, il ſoupiroit, exprimoit ſon inquiétude & ſon amour, par ſes regards & ſa rêverie. Les mêmes motifs enfin qui engageoient Mademoiſelle Lovel à chercher la ſolitude, le conduisoient souvent dans les routes les plus écartées du Parc : deux personnes qui s'aiment & qui ont un égal intérêt à se trouver, ne sont pas long-tems sans se rencontrer. Le Chevalier se promenoit vers un étang qui terminoit un côté du Parc avec un livre à la main dont la lecture ne l'intéressoit pas assez pour l'empêcher d'appercevoir les objets qui l'entouroient.

Mademoiselle Lovel étoit sur un banc avec un ouvrage de broderie qui ne l'occupoit pas davantage, elle se leva aussi-tôt qu'elle l'apperçut : mais son émotion ne lui permit pas de rester debout ; elle se remit sur le banc sans rien dire, les yeux baissés & l'air interdit. Pourroit-on, lui dit le Chevalier d'un ton aussi troublé, vous tenir compagnie ? Vous me faites beaucoup d'honneur, repliqua Mademoiselle Lovel : mais, que diroit on, si l'on vous trouvoit seul avec moi ? Peut-on trouver à redire, reprit le Chevalier aux égards que j'ai pour vous ? Mon frere avoit souvent l'avantage de vous entretenir sans témoins. Mademoiselle Lovel sentit tout d'un coup que le Chevalier étoit instruit de ce qui concernoit sa liaison avec le Marquis de M.. La crainte qu'il ne la soupçonnât d'un commerce tendre qui blessoit également sa délicatesse & son amour, la fit tomber dans une extrémité peut-être condamnable parmi des personnes peu sinceres où scrupuleuses. Je ne sçais pas, continua-t-elle, ce que l'on vous a dit touchant votre frere ; mais je puis vous assurer qu'il n'a jamais eu lieu de s'applaudir de mes sentimens pour lui. Quoi ! reprit le Chevalier d'un ton animé, mon frere n'a pas été assez heureux pour vous plaire ? je l'aurois cru. Non, Monsieur, répliqua vivement

Mademoiſelle Lovel. J'eſtime fort le Marquis : j'aurai toute ma vie de la reconnoiſſance pour lui, mais je ne puis l'aimer. Ah ! pourquoi, demanda le Chevalier avec inquiétude ? Eſt-ce que vous en aimez un autre ? Je voudrois me perſuader le contraire, reprit Mademoiſelle Lovel en baiſſant les yeux, fâchée d'en avoir trop dit : elle ſe leva pour éviter de répondre aux queſtions preſſantes du Chevalier : mais elle s'étoit avancée plus qu'elle ne vouloit. Le Chevalier l'arrêtant avec un transport dont il ne fut pas le maître, prit une de ſes mains ; reſtez, je vous en prie, continua-t-il avec les yeux humides : que je ſçache au moins quel eſt cet homme fortuné qui diſpute à mon frere & à moi un cœur qui ſemble nous être dû. Ha ! ne vous plaignez pas, Monſieur, répliqua Mademoiſelle Lovel, vous n'avez pas lieu d'être mécontent. Il y avoit dans cet aveu tant de naïveté & de charmes, que le Chevalier tranſporté tomba à ſes genoux, & lui montra par le déſordre de ſes diſcours, qu'il ſentoit toute l'étendue de ſon bonheur. En vain voulut-elle donner un autre ſens à ſes paroles, ſes yeux la démentoient; ils diſoient au Chevalier tout ce qui ſe paſſoit dans ſon cœur de favorable pour lui.

Ce premier entretien fut ſuivi de beaucoup d'autres. Le Chevalier ne conçut pas la moindre idée déſavantageuſe à la vertu de Mademoiſelle Lovel. Prévenant même celle qu'il auroit pu prendre, elle lui jura que ſi elle s'appercevoit qu'il eſpérât jamais rien d'elle qui fût contraire à l'honneur le plus ſcrupuleux, elle s'éloigneroit de lui pour toujours.

Ces amans vécurent pendant ſix mois dans la félicité la plus parfaite, mais le moment étoit arrivé où ils devoient essuyer l'orage le plus terrible & le plus imprévu. Une femme de la Marquise, par des raisons particulieres, épia si bien le Chevalier qu'elle se convainquit de la passion qu'il avoit pour Mademoiselle Lovel ; & elle ne tarda pas d'en instruire la Marquise, qui, soupçonneuse comme elle étoit & n'imaginant rien de si fâcheux que cette circonstance, se promit de se venger de Mademoiselle Lovel d'une façon proportionnée à l'injure qu'elle prétendoit en recevoir.

Les femmes qui ne connoissent point le monde ni la véritable piété, sont ordinairement hautes, dures & injustes. Ennemies des passions tendres qu'elles ignorent, elles s'accoutument à n'avoir de l'indulgence que pour les foiblesses auxquelles elles sont sujettes. La Marquise crut voir du désordre où il n'y avoit qu'un commerce de sentiment réglé sur la vertu la plus pure ;

tout devint pour elle des ſujets d'inquiétude, les moindres attentions du Chevalier étoient des marques d'intelligence. Elle commanda à la femme qui l'avoit avertie, de veiller de près ſur la conduite de Mademoiſelle Lovel, & de ne point ſouffrir d'entretien particulier avec ſon fils dans l'appartement de cette Demoiſelle, cette femme s'acquitta avec zèle de ſa commiſſion : mais aſſez inutilement, puiſque le Chevalier n'entroit jamais dans la chambre de Mademoiſelle Lovel qui avoit exigé de lui cette complaiſance.

La Marquiſe ne pouvant porter un jugement certain ſur l'attachement de ſon fils, ſuivit nos amans dans un de leur rendez-vous du Parc ; elle ſe plaça de maniere à n'être pas vûe, & fut témoin d'une ſcène auſſi vive que tendre. Ces amans goûtoient toute l'ivreſſe d'une paſſion retenue dans les bornes du devoir ; ils ſe livroient en paix à cette volupté pure d'un amour réciproque qu'aucun regret ne peut troubler ; leurs ſoupirs, d'innocentes careſſes, des ſermens de s'aimer toujours étoient les tendres interprètes de leurs ſentimens. La Marquiſe, pour qui ces ſituations étoient toutes neuves, imagina beaucoup de crime dans ce doux tête-à-tête, & l'interrompant tout-à-coup, elle parut à leurs yeux dans la contenance d'une perſonne outrée de colere ; le Chevalier ſe leva d'un air interdit, & Mademoiſelle Lovel, ayant fait un cri, demeura à ſa place tremblante, ſaiſie & ſans connoiſſance ſur le banc où elle étoit aſſiſe. La Marquiſe la laiſſa dans cet état en forçant le Chevalier à la ſuivre, & voyant qu'il héſitoit, elle l'y obligea par des menaces qui ne l'euſſent point effrayée, ſi elles n'avoient regardé que lui : mais craignant tout pour Mademoiſelle Lovel de la part de ſa mere, il crut l'adoucir en la ſuivant & tâcha de juſtifier cette infortunée Demoiſelle en rejettant la faute ſur lui ; ces tentatives furent vaines ſur un eſprit altier qui ne connoiſſoit point de milieu entre une vertu rigoureuſe & une indulgence coupable.

Le triſte Chevalier s'adreſſa en rentrant à la femme de la Marquiſe, qui étoit cauſe de ſon déſaſtre ; il lui dit, en ſoupirant, d'aller ſecourir Mademoiſelle Lovel qui ſe mouroit. Cette malheureuſe le lui promit : mais bien loin de s'acquitter promptement de ce devoir, elle eut la cruauté de la laiſſer livrée à tout ce qui pouvoit lui arriver de funeſte ; la fraîcheur de la nuit rappella ſes eſprits, il falloit qu'elle eût reſté plus de trois heures ſans connoiſſance, ce qui lui ſauva ſans doute bien des reproches offenſans de la Marquiſe, qui, de retour au Château, ordonna devant ſes domeſtiques de lui dire charitablement de ne jamais paroître à ſes yeux. Que vouloit-elle que ſes gens penſaſſent ? La réputation de Mademoiſelle Lovel ne devoit-elle pas en recevoir le plus funeſte coup ? mais, je l'ai déjà dit, la Marquiſe ne voyoit rien au-delà de ſon premier mouvement. Ces ſortes d'eſprits ne ſont que trop communs pour le malheur des autres.

Mademoiſelle Lovel n'eut pas plutôt repris ſes ſens qu'elle enviſagea toute l'horreur de ſa ſituation : iſolée, ſans parens, ſans ſecours, craignant avec juſte raiſon que la Marquiſe ne donnât un tour odieux à ſa conduite, & ne la brouillât avec ſes protecteurs, elle imagina de fuir & d'aller trouver ſon pere en Hollande : mais cette démarche n'étoit pas ſans danger pour elle, ſur-tout n'ayant perſonne à qui ſe confier & qui pût l'aider dans ſa fuite ; de quelque côté qu'elle enviſageât ſa ſituation , elle ne vit que peines & calamités. Elle avoit déjà éprouvé tant de revers, que ſa propre expérience l'éclaira ſur les ſuites qu'elle avoit à craindre ; elle connoiſſoit la Marquiſe capable de porter ſon reſſentiment à l'excès : quoiqu'elle n'aimât pas le Marquis , elle n'étoit pas ſans inquiétude ſur l'opinion qu'il auroit d'elle , quand il apprendroit que ſon frere avoit été plus heureux que lui.

Toutes ces réflexions l'avoient jettée dans une incertitude plus cruelle encore qu'un malheur aſſuré, puiſqu'elle ne ſçavoit à quoi ſe déterminer , ne ſongeant point à revenir au Château, ni à ſortir de ſa ſituation par aucuns moyens ; elle eût reſté ſans doute toute la nuit dans la place où elle étoit ſans des Villageoiſes qui, la rencontrant baignée de larmes , la tirerent malgré elle de cet état ; elles furent ſurpriſes de la trouver ſi tard dans le bois.

Elle ſatisfit leur curioſité en diſant qu'elle s'étoit trouvée ſi incommodée, qu'elle n'avoit pas eu la force de marcher juſqu'au Château où les bonnes filles la ramenerent.

En arrivant, elle apperçut quelques domeſtiques qui, d'un viſage conſterné, ne lui dirent autre choſe, ſinon qu'il y avoit environ deux heures que la Marquiſe étoit partie avec ſon fils : la femme de chambre la joignit auſſi-tôt, & lui ſignifia d'un ton inſolent *que Madame ne vouloit plus la voir & qu'elle pouvoit prendre ſon parti.*

Quelle humiliation d'être expoſée à l'inſolence de pareilles créatures! Mademoiſelle Lovel en ſoupira. Cependant elle ſe trouva fort ſoulagée quand elle apprit le départ de la Marquiſe; elle ne ſe reprochoit rien : néanmoins la préſence des perſonnes qui ont à ſe plaindre de nous ajoûte encore au chagrin; on ſouffre bien moins hors de la portée de ceux qui ont des reproches à nous faire. C'eſt le comble de l'infortune que de joindre la honte au ſentiment de la douleur.

Il reſtoit à Mademoiſelle Lovel, ſur l'épargne de ſes penſions & de la lettre de change du Marquis, environ trois cents piſtoles ; elle regarda cette ſomme comme une reſſource que la Providence lui avoit réſervée dans la malheureuſe circonſtance où elle ſe trouvoit ; prenant donc ſa réſolution avec une fermeté inimitable, elle ſécha ſes pleurs, ſoupa un peu, paſſa la moitié de la nuit à faire ſes malles & à écrire à la Marquiſe la lettre ſuivante.

MADAME,

» Ma conſcience & l'honneur ne me
» reprochant rien de contraire à la re-

» connoiſſance que je vous dois, je
» vous remercie de vos bontés, & je
» me juſtifie s'il eſt poſſible dans votre
» eſprit. Meſſieurs vos fils m'ont mar-
» qué des ſentimens que je n'ai cher-
» ché ni à leur inſpirer, ni à encou-
» rager par aucune eſpérance; ſi l'aîné
» m'a aimée, je ne lui ai accordé que
» l'eſtime qu'il méritoit, & la grati-
» tude que je lui devois pour ſes bon-
» nes & honnêtes intentions pour moi.
» Monſieur le Chevalier n'a pas eu lieu
» de compter ſur mes foibleſſes mal-
» gré le penchant que je me ſuis ſen-
» ti pour lui, & qu'il n'a pas été en
» mon pouvoir de vaincre. Voilà, Ma-
» dame tous mes torts; s'il vous plaît
» de m'en punir en m'ôtant votre
» bienveillance, je laiſſe à votre équi-
» té à juger ſi je mérite un auſſi grand
» malheur. Je me retire, ſelon vos or-
» dres, & vais à B.. où je ſerois de-
» puis long-tems, ſi vos bontés pour

» moi ne m'avoient empêchée de ſuivre
» ce deſſein qui m'eût garantie de votre
» courroux, & peut-être d'un plus grand
» malheur ; je conſerverai toute ma
» vie le ſouvenir de vos bienfaits.

Elle partit dès le matin, laiſſant cette lettre à un domeſtique ſûr pour la remettre à la Marquiſe à ſon retour : ſi elle eût pu prévoir que cette Dame travailloit à la perdre, elle la lui eût envoyée ſur le champ ; peut être ſa lecture lui eût-elle fait changer d'intention ; mais Mademoiſelle Lovel ne prévoyoit point que cette Dame eût pouſſé le reſſentiment auſſi loin.

Ce ne fut pas ſans triſteſſe qu'elle s'éloigna des lieux où elle avoit goûté tant de délices. Le chagrin peut ſuſpendre pour un inſtant le ſouvenir d'un objet chéri : mais cet objet revient avec plus de force quand la douleur eſt moins preſſante, ou plutôt il la diffipe entiérement : il n'eſt point de malheur qui tienne contre la certitude d'être aimé autant que l'on aime. Je ſuppoſe que ce ſentiment exiſte encore.

Elle fut tentée d'écrire au Chevalier, mais faiſant réflexion : s'il m'aime toujours, penſa-t-elle, il ſçaura bientôt le lieu de ma retraite ; & s'il m'oublie, il ne mérite pas des preuves de mon eſtime : dans cette penſée elle arriva à B.. où elle fut reçue avec beaucoup de joie des Religieuſes & de quelques Penſionnaires avec qui elle avoit conſervé des liaiſons d'amitié. Cette bonne réception lui fit oublier pour quelques inſtants ſes malheurs, mais bientôt la ſolitude les lui rappella avec plus de force. Il y a des chagrins qui ralentiſſent pour un tems les paſſions, mais c'eſt pour les reprendre avec plus d'empire quand l'ame eſt rendue à elle-même. Sitôt qu'elle fut tranquille, le Chevalier ſe préſenta dans ſon eſprit avec tous ſes avantages ; elle deſiroit quelquefois qu'il l'oubliât : un moment après, elle eût préféré la mort à ſon oubli. Mais de quelque côté qu'elle enviſageât ſa ſituation, elle n'appercevoit qu'infortunes ; ſa raiſon ſe révoltoit contre les vœux de Religion. Quoi ! diſoit-elle, j'irois enchaîner ma liberté ! je ſerois ſoumiſe à des regles auſteres ! Non, la mort eſt préférable : mais pourquoi mourir ? N'eſt-il pas plus glorieux de ſoutenir le poids de mes peines avec conſtance, & d'attendre que la fortune ſe laſſe de me perſécuter ?

On ne doit point être étonné de la Philoſophie de Mademoiſelle Lovel : née avec du courage & beaucoup d'eſprit, ſes protecteurs n'avoient rien négligé pour ſon éducation, elle s'étoit fortifiée dans ſes principes ; les épreuves par leſquelles elle avoit déjà paſſé avoient fait naître ſes réflexions,

& mûri ſon jugement. C'eſt une bonne école pour la raiſon que le malheur.

Il y avoit huit jours qu'elle étoit au couvent, quand on vint la demander au parloir : elle y courut ſans s'imaginer qui ce pouvoit être. Son cœur fut agréablement agité à la vûe du Chevalier : il étoit triſte, abattu & preſque méconnoiſſable ; ſon premier mouvement avoit été de joie ; le ſecond fut cruel. Quand pourrai-je lui dit-il réparer tous les maux que je vous cauſe ? Je ne m'en prends, reprit douloureuſement Mademoiſelle Lovel, qu'à mon malheur ; & vous ſerez toujours, quoi qu'il m'arrive, l'objet unique de mes plus tendres affections. C'eſt un foible dédommagement, continua-t il, que ma conſtance & l'ardeur la plus pure : mais ſi mes ſentimens portoient quelque conſolation dans votre ame, ſongez, mon adorable amie, que rien ne pourra jamais les détruire, & que, si vous avez autant de persévérance que moi, le tems pourra amener des évenemens qui nous rendront heureux.

Le cœur de Mademoiselle Lovel étoit trop fortement touché pour n'être pas sensible aux assurances de tendresse que le Chevalier lui donnoit; elle y répondit par les marques les plus touchantes de la sienne.

L'espérance, le soutien des amans & des malheureux, vint adoucir l'amertume de leur situation; l'estime & la confiance, qui affermissent les unions & les rendent durables, acheverent de porter le calme dans leurs cœurs: mais le récit que le Chevalier fit des procédés de la Marquise, jetta bientôt Mademoiselle Lovel dans la plus cruelle inquiétude. Une femme de cœur ne voit pas de plus grand malheur que la honte & le blâme, tous les maux cedent à ceux-ci : la plûpart des femmes ne font pas cette réflexion à en juger par leur conduite ; elles pardonnent plus volontiers ce qui blesse leur réputation que ce qui porte préjudice à leur beauté. Mademoiselle Lovel ne faisoit cas de ses charmes, que parce qu'ils lui soumettoient un homme qu'elle jugeoit digne d'elle : que cette délicatesse est rare ! & qu'une femme aimable est loin de ne songer à plaire qu'à son objet ! Cette délicatesse d'ailleurs seroit fort inutile avec des hommes que le torrent entraîne, qui ne jugent souvent de la beauté que sur le rapport d'autrui & qui ne se déterminent que pour elle.

Le Chevalier craignoit d'entrer dans des détails fâcheux & pourtant nécessaires, & Mademoiselle Lovel n'osoit lui faire des questions. Elle voyoit dans les yeux de son amant, au travers de l'expression de l'amour le plus tendre, une tristesse qui lui annonçoit de nouveaux chagrins. Parlez, lui dit-elle enfin : suis-je menacée d'un plus grand malheur que celui de ne pas vous voir ? Ma mere, répliqua-t-il, dans les premiers momens de sa colere, a prévenu vos protecteurs contre votre conduite, & j'appréhende qu'ils ne vous enlevent d'ici pour vous transporter dans quelque couvent éloigné où je ne pourrois ni vous voir ni recevoir de vos nouvelles.

Ce coup étoit au-dessus de ses forces : elle en resta immobile ; le Chevalier s'étoit mis à genoux devant la grille, pénétré du sentiment de la plus amere douleur. Est-ce donc un crime, s'écria Mademoiselle Lovel, que d'inspirer de la pitié ou de l'amour ? Ma mere, continua le Chevalier, vous eût sans doute pardonné l'effet qu'ont produit vos charmes, si ce n'eût point été sur ses fils ; elle ne conçoit pas le bonheur dont vous m'avez aſſuré ; j'ai fait en vain tout ce qui a été en mon pouvoir pour appaiſer ſes plaintes, & l'empêcher de les porter au Miniſtre ; larmes, prieres, menaces, ſupplications, déſeſpoir, rien n'a pu adoucir ce caractere inflexible ; quoiqu'elle vous crût fort innocente au fond, elle n'a point voulu convenir que ſes démarches fuſſent injuſtes, & a perſiſté à dire qu'elle vouloit empêcher les ſuites d'une liaiſon qui ne peut avoir un but légitime. Qu'elle eſt loin, ajoûta le Chevalier, de voir dans mon cœur, de connoître mes ſentimens & mes réſolutions ! Non, jamais je n'oublirai que vous m'avez préféré, aimé.... Oui, vous êtes le ſeul objet pour qui je veux vivre : ayez la même conſtance, & attendons un tems plus heureux ; ſouvenez-vous ſeulement, dans toutes les circonſtances, que j'aimerois mieux mourir que de manquer aux ſermens que je vous fais de n'aimer jamais que vous; promettez moi, continua-t-il, en paſſant une main à travers des grilles, que vous me conſerverez votre cœur? Mademoiſelle Lovel lui tendit, ſans héſiter, une main qu'il ſerra tendrement, & il reçut avec tranſport les aſſurances de fidélité qu'elle lui donna.

Ces amans paſſerent quelques heures à ſe jurer un amour que rien ne pouvoit altérer; ils prirent des meſures pour s'écrire ſans que la Marquiſe pût ſoupçonner leur commerce; enfin le Chevalier s'arracha d'auprès de Mademoiſelle Lovel avec une douleur égale au plaiſir qu'il venoit de goûter. Ses allarmes étoient plus vives qu'il ne les faiſoit paroître, il ne vouloit point hâter par des inquiétudes les momens douloureux qu'il appréhendoit.

Il y avoit quinze jours qu'elle étoit

dans ſon couvent ſans avoir entendu parler de rien, elle commençoit à croire que le Chevalier s'étoit trompé dans ſes conjectures, & que la Marquiſe ſe repentoit de ſes démarches; lorſqu'elle reçut une lettre de cet amant qui la fit changer d'opinion & la jetta dans de nouvelles peines : il lui marquoit que ſa mere, par un orgueil impardonnable, n'avoit jamais voulu ſe rétracter & convenir qu'elle ſe fût trompée, vis-à-vis de ſes protecteurs, & qu'il craignoit quelques fâcheux contretems : il finiſſoit par mille aſſurances de tendreſſe & de fidélité; s'excuſant de ce qu'il n'oſoit haſarder une viſite, de crainte de lui attirer de nouveaux chagrins.

Deux jours après, la Touriere entra dans ſa chambre d'un air effrayé lui dire qu'on la demandoit au parloir; quelqu'inſtance qu'elle fît pour en apprendre davantage, la Touriere disparut, en disant, mon Dieu! qu'a-t-elle fait? Mademoiselle Lovel se rendit au parloir, & y trouva un Exempt chargé d'une lettre de cachet pour la conduire en basse Normandie, dans un couvent fort austere; elle répondit qu'étant soumise aux ordres du Roi, elle alloit se préparer en diligence pour partir.

Elle alla trouver la Supérieure, qui déjà instruite, lui fit un Sermon triste & déplacé pour lui prouver qu'il falloit qu'elle eût un grand tort, puisque ses protecteurs la traitoient avec tant de sévérité; & l'embrassant bénignement, lui souhaita un heureux voyage sous la garde de Dieu & de son bon Ange. Passant ensuite dans sa chambre, elle mit ordre au plus pressé, & pria la Dépositaire de lui faire tenir ce qui lui appartenoit. Une heure lui suffit pour tous ces arrangemens; alors disant adieu à ses compagnes, elle se rendit en dehors où elle trouva l'Exempt qui l'attendoit avec une chaiſe ; on fit une ſi grande diligence, que le troiſieme jour elle arriva à Caen.

Elle fut preſentée à la Prieure avec la lettre de cachet, & des ordres particuliers du Miniſtre qui lui furent donnés en ſecret ; la Prieure la reçut comme une Demoiſelle Proteſtante, & la regarda comme une brebis égarée échappée du troupeau, & en conſéquence elle la reſſerra avec beaucoup d'exactitude.

La promptitude avec laquelle elle avoit été enlevée, lui avoit à peine laiſſé le tems de la réflexion ; étonnée du coup qu'elle recevoit, ſa douleur étoit comme ſuſpendue : mais revenue à elle-même, elle y donna un libre cours ; la ſolitude du lieu, le défaut de ſociété, le refus de faire tenir ſes lettres, autres que celles qu'elle écrivoit au couvent dont elle étoit ſortie, tout enfin la réduiſit dans une eſpece de déſeſpoir ; ſes larmes furent d'abord les ſeuls interprétes de ſa douleur ; ſon ame déchirée par tant de peines céda enfin ; elle tomba dangereuſement malade & ſeroit morte ſans un délire qui dura près de quinze jours, & qui lui ôta juſqu'au ſouvenir de ſon amant & de tout ce qui s'étoit paſſé depuis le fatal moment où elle avoit été ſurpriſe par Madame de M.. dans le Parc. C'eſt ſouvent une ſituation à déſirer que l'imbécillité, & l'incapacité de réfléchir.

Les Religieuſes l'avoient priſe en ſinguliere amitié ; ſa figure intéreſſante, ſa douceur, ſa politeſſe, ſon affliction lui avoient gagné toute la Communauté. Ces bonnes filles compatiſſantes par état en eurent le plus grand ſoin ; ſa jeuneſſe, la bonté de ſon tempérament & plus encore ſa raiſon qui revint enfin, la rappelerent à la vie. Le premier uſage qu'elle en fit, fut d'écrire à ſes protecteurs ou plutôt ſes perſécuteurs, pour leur démontrer ſon innocence & l'injuſtice des procédés de la Marquiſe ; de quelque ménagement qu'elle uſât, il lui fut impoſſible de ne pas développer le caractere de cette Dame : ſes lettres firent un aſſez bon effet en ce qu'elle obtint une ſorte de liberté qui lui fut d'un grand ſecours, avec la permiſſion d'écrire & de recevoir du monde au parloir. On ne parla pas de la changer de retraite, & bientôt elle s'accoutuma à cette maiſon.

Comme il abordoit beaucoup d'Anglois à Caen, elle ſe vit à portée de recevoir ſouvent des nouvelles de ſon pere & de ſes freres, dont l'aîné avoit obtenu de l'emploi & venoit de paſſer à la Jamaïque ; le plus jeune attendoit ſon tour, & ſe deſtinoit pour le ſervice de la Marine. Ces circonſtances que

Mademoiselle Lovel apprit par les lettres de ſon pere, lui firent ſupporter avec aſſez de patience l'eſpece d'eſclavage dans lequel on la retenoit : les aſſurances continuelles que le Chevalier lui donnoit de ſon amour, acheverent enfin de lui faire regarder ſon état avec beaucoup de tranquillité ; ſa paſſion étoit tendre & ſincere ; ſon caractere doux & ſenſible ne lui permettoit aucun de ces emportemens qui ſont plutôt les marques d'un tempérament impétueux que d'un attachement parfait : incapable de tromper, ne l'ayant jamais été, elle ignoroit qu'il y eût des ames perfides : l'eſtime qu'elle faiſoit de ſon choix lui donnoit de la ſécurité ; ce profond repos n'étoit troublé que par l'extrême deſir de revoir le Chevalier qui de ſon côté brûloit de la rejoindre : mais il n'avoit garde d'entreprendre le voyage de Caen La Marquiſe, toujours attentive à ſes actions, avoit mis auprès de lui une espece d'Argus sous le titre de valet de chambre qui veilloit sans cesse & rendoit compte à la Marquise des moindres démarches de son fils : il se cachoit même du commerce de lettres qu'il avoit avec Mademoiselle Lovel, dans la crainte de lui attirer de nouveaux chagrins.

Elle reçut une lettre de son pere, qui lui marqua, qu'ayant obtenu de l'emploi pour ses deux fils, & une pension honnête pour sa subsistance, il ne manquoit plus à sa satisfaction, que de la voir rentrer dans le sein de sa famille. On ouvroit quelquefois ses lettres ; celle-ci tomba entre les mains de la Supérieure : à cette lecture, elle trembla de perdre une brebis de son troupeau ; & par un zèle indiscret, elle en avertit les Protecteurs de Mademoiselle Lovel, qui fut en conséquence resserrée plus étroitement que jamais.

La liberté dont elle avoit joui, l'avoit dédommagée, en partie, de la contrainte du Couvent ; ces changemens manquerent de la désespérer ; elle s'en plaignit ; on ne lui répondit que de tristes raisons, qui lui apprirent seulement qu'elle devoit son nouvel esclavage au faux zèle de la Prieure, qui avoit interprété à sa mode la lettre qu'elle avoit reçue de son pere.

Les fréquentes visites qu'elle recevoit furent supprimées : elle voyoit beaucoup d'Anglois, dont la religion épouvantoit les Religieuses ; on ne lui permit que les assiduités de Milord C**, dont la magnificence en avoit apparemment imposé à la Prieure qui le voyoit volontiers, quoiqu'il parût fort zélé pour la Religion Protestante.

Milord avoit pris pour Mademoiselle Lovel une grande passion ; il attendit, pour la lui déclarer, que son amour fût assez fort pour lui offrir sa main. Ennemi de tout engagement sérieux, il avoit cru long-tems pouvoir passer sa vie sans se marier. Les charmes & la vertu de Mademoiselle Lovel le firent changer d'opinion, & lui apprirent qu'il ne faut jamais répondre de ses résolutions, quand on a le cœur sensible & capable d'aimer.

Sans être vain, Milord pouvoit espérer que ses offres seroient bien reçues de Mademoiselle Lovel; il étoit bien fait, dans la force de l'âge, & jouissant d'une fortune brillante; sa naissance & sa réputation le rendoient un des premiers partis d'Angleterre; d'un autre côté, Mademoiselle Lovel sans biens, sans espoir d'en avoir jamais, devoit être flattée de la recherche de Milord C.., & selon toutes les apparences, elle devoit accepter avec reconnoissance les vœux qu'il vouloit lui offrir; mais l'amour n'écoute pas toujours la raison.

Mademoiſelle Lovel ne voyoit qu'un mariage honnête qui pût la tirer de l'abîme où elle étoit ; & quoique le Chevalier l'aſſurât d'une conſtance éternelle, elle n'appercevoit aucune poſſibilité qu'il fût jamais ſon époux. Elle prit le parti le plus ſage ; ce fut de ne donner à Milord C** que des eſpérances vagues & éloignées, qui la laiſſaſſent en liberté de choiſir, s'il arrivoit quelques événemens favorables, ſelon ſes deſirs. Sans refuſer Milord, elle rejetta ſon incertitude ſur la volonté de ſon pere qui ne lui permettoit pas de diſpoſer de ſa main ſans ſon aveu. Cette excuſe étoit plauſible, & Milord s'en contenta ; il étoit chargé de quelques négociations à la Cour de France ; il remit, à ſon retour à Londres, à faire ſes propoſitions à Monſieur Lovel ; cette circonſtance lui donnoit du tems ; Milord partit déſeſpéré de ce voyage, dont Mademoiſelle Lovel ſe réjouiſſoit intérieurement.

Le Chevalier ignoroit que la fortune traitoit Mademoiſelle Lovel avec moins de rigueur, & qu'il ne tenoit qu'à elle de jouir, par un mariage avantageux, d'un établiſſement favorable qu'elle méritoit, & qu'elle ſembloit ne refuſer que pour pouvoir être à lui; il lui payoit, par la violence de ſon amour & par ſa conſtance, le ſacrifice qu'elle étoit ſur le point de lui faire; car elle flottoit entre le deſir de ſe conſerver à ſon amant, & celui de ſortir de l'état malheureux où elle vivoit; ſon incertitude la faiſoit ſouffrir; elle eût préféré de n'avoir jamais connu Milord, ou qu'il n'eût jamais penſé à l'aimer; elle craignoit ſon retour, & cherchoit déja comment elle ſe débarraſſeroit d'un amant qui pouvoit devenir importun, en faiſant conſentir ſon pere à ſes vœux, & en la forçant de paſſer à Londres pour les accomplir. Elle ſe reprochoit ſouvent, comme une faute, de lui avoir donné quelques lueurs d'espérance ; cette pensée lui venoit, sur-tout, quand elle recevoit des lettres du Chevalier ; mais, enfin, sa dissimulation l'emporta : elle n'eût pas voulu faire un mensonge pour toutes choses ; mais l'éducation de Couvent avoit gâté son caractere ; accoutumée à renfermer tous ses sentimens en elle-même, elle manquoit de cette franchise si estimable qui fait la sûreté des commerces d'amitié & d'amour, sans laquelle enfin il se rencontre cent occasions où l'on croit devoir déguiser ou cacher la vérité. Mademoiselle Lovel éprouva dans le cours de sa vie combien cette franchise eût été préférable à une dissimulation qui pensa lui être funeste dans plus d'une occurrence.

Le Chevalier s'ennuiant par-tout, demanda à sa mere la permission de voyager en Bretagne, où il avoit des parens, auxquels il n'eût jamais pensé, sans la gêne qu'on lui imposoit, & s'il n'eût formé le dessein de profiter de cette occasion pour aller voir Mademoiselle Lovel. Son Valet de chambre l'embarrassoit; c'étoit un espion de toutes ses démarches, dont il résolut de se défaire. Il fit part de son projet à un ami qui lui promit de le tirer de peine. Duval (c'est ainsi que le Valet de chambre se nommoit) aimoit à boire; des Soldats de Monsieur de La ** l'entraînerent dans un cabaret & l'enrôlerent de force; le Chevalier fit semblant de se plaindre de cette violence; mais on lui dit que Duval étoit parti pour le Régiment. La Marquise crut tout ce qu'on voulut & offrit à son fils un de ses gens pour l'accompagner en Bretagne; il lui dit que les siens suffisoient, & partit; mais au lieu de prendre la route de Bretagne, il alla en Basse Normandie, & arriva à Caen à l'heure que Mademoiselle Lovel s'y attendoit le moins.

Il faut sçavoir aimer pour concevoir la joie de nos deux amans. La surprise de Mademoiselle Lovel fut cependant moins grande ; le plaisir de revoir un objet si tendrement chéri, après deux ans d'absence, suspendit tout autre mouvement ; son cœur n'avoit jamais éprouvé tant d'amour ni tant d'ivresse ; les transports du Chevalier le rendoient insensé. Ces précieux instans les dédommagerent de tout ce qu'ils avoient souffert. Les plaisirs sont la récompense des ames vertueuses & sensibles.

Mademoiselle Lovel oublia Milord C.. & tous ses projets de fortune, pour ne plus songer qu'à rester éternellement fidelle au Chevalier, qui de son côté vouloit absolument borner son voyage à Caen, sans aller en Bretagne. Elle sembla d'abord approuver ce dessein ; mais les premiers jours passés dans les transſports d'une vive tendreſſe, les réflexions les ramenerent à la raiſon ; ils jugerent que, ſi la Marquiſe apprenoit que ſon fils n'eût point été en Bretagne, elle pourroit recommencer ſes perſécutions ; qu'il étoit important qu'elle ignorât qu'il eût paſſé en Normandie. Il avoit déja prévu les inquiétudes de ſa mere ; il envoia un Domeſtique sûr, avec des lettres, pour mettre à la Poſte ſur la route de Bretagne ; cette précaution ne fut pas inutile, & lui procura quelques jours de plus pour reſter à Caen.

La préſence du Chevalier avoit rendu à la paſſion de Mademoiſelle Lovel, toute ſon activité ; elle redoutoit le retour de Milord C.. & n'oſoit rétracter le conſentement qu'elle avoit donné à ſa recherche. Deux objets l'inquiétoient également, ſon inclination pour le Chevalier, & la crainte de le déſeſpérer en acceptant les offres de Milord. Pendant le séjour que le Chevalier avoit fait à Caen, bien loin de concevoir des espérances d'être uni avec elle, il lui avoit insinué que sa mere y étoit plus que jamais opposée, qu'elle le pressoit même beaucoup de faire ses vœux, & qu'il n'avoit trouvé d'autre excuse à ses délais, que son extrême répugnance à contracter des engagemens indissolubles. La présence de l'objet aimé ôte toutes les idées qui n'ont que des effets éloignés; mais l'absence rend l'esprit plus présent. Mademoiselle Lovel n'auroit point hésité, s'il n'eût été question que de choisir entre le Chevalier & Milord; mais ici rien ne contrebalançoit alors le sacrifice qu'elle faisoit de sa fortune & peut-être de son bonheur. D'un côté un amour sans espérance, de la misere & peut-être de l'ingratitude; de l'autre côté, un mariage avantageux avec un homme dont la naissance & le mérite ne laissoient rien à desirer.

Le parti le plus prudent eût été, ſans doute, de ceſſer un commerce tendre, qui ne pouvoit avoir de ſuites heureuſes. Mademoiſelle Lovel ſembla, pour un tems, prendre le parti de la raiſon; ſa vertu ne lui laiſſoit point d'inquiétudes pour le bonheur de ſon époux : ainſi elle réſolut de s'en rapporter abſolument aux volontés de ſon pere; & ſans aller au devant de Milord C.., de le laiſſer agir à ſon retour à Londres; d'éloigner ſeulement, autant qu'il feroit en ſon pouvoir, une circonſtance qui devoit la ſéparer, pour jamais, d'un homme qu'elle aimoit infiniment; de lui ſauver, s'il étoit poſſible, l'amertume de cet événement, en lui objectant la volonté de ſon pere & l'impoſſibilité d'être à lui.

Ses projets, formés de ſang-froid, n'étoient pas de longue durée; l'amour lui montroit bientôt, comme le plus grand des malheurs, d'être à un autre qu'au Chevalier de M.., & lui faisoit préférer sa retraite au Couvent, à tous les avantages qui l'attendoient en Angleterre avec Milord C... Elle demeura dans cette incertitude jusqu'au retour de ce Lord; il ne resta que peu de jours à Caen; son impatience ne lui permit pas de demeurer plus long-tems; il repassa en Angleterre pour demander à Monsieur Lovel son consentement au mariage de sa fille. Il le trouva à l'extrémité; tout ce qu'il put en arracher, fut sa signature tremblante & un écrit, par lequel, il ordonnoit à sa fille d'épouser Milord C.., & lui donnoit sa bénédiction. Ce Gentilhomme mourut quelques heures après, serrant la main de Milord & lui recommandant sa fille. Muni de cette permission, il repassa en diligence à Caen, croyant toucher au moment fortuné qui devoit l'unir à ce qu'il aimoit.

Mademoiselle Lovel fut frappée de

ſon retour, comme d'un coup de foudre, & en même-tems accablée de la mort de ſon pere ; ſa douleur ne l'empêcha point d'enviſager cet événement comme un motif d'éloigner ſon mariage. Cette idée adoucit l'amertume de ſon ame. Il y a tant de reſſources dans une grande paſſion ; on en tire les plus fortes conſolations, ou plutôt on rapporte tout à elle.

Milord C.. étoit bien loin de prévoir les obſtacles que Mademoiſelle Lovel alloit élever contre ſon bonheur ; il attendit que le tems eût ſéché ſes larmes, pour faire valoir ſes droits & les volontés d'un pere mourant. Il lui dit qu'il n'avoit point attendu, pour inſtruire Monſieur Lovel de ſes intentions, qu'il fût de retour en Angleterre ; qu'il lui avoit écrit long-tems auparavant. Mademoiſelle Lovel ignoroit cette circonſtance ; ſon pere attendoit apparemment, pour lui en écrire, qu'elle l'eût instruit elle-même de ce qu'elle desiroit. Ses ménagemens étoient délicats & méritoient, de la part de Mademoiselle Lovel, beaucoup de soumission à ses volontés.

Pour éloigner encore un mariage qu'elle n'envisageoit qu'avec effroi, elle objecta la décence de son deuil; elle fit voir à Milord tant d'inconvéniens, en passant furtivement en Angleterre avec lui, qu'il se rendit à ses raisons. Je n'appréhende, lui dit-elle, ni votre caractere, ni vos procédés; je ne crains que le tort que je ferois à ma réputation, en fuyant avec vous; on ne manqueroit pas de dire, qu'en m'éloignant de France, je renonce à l'Eglise Romaine, pour suivre un amant chéri, avec qui j'entretiens un commerce de galanterie depuis long-tems; si mon pere eût vécu, je n'aurois paru coupable qu'aux yeux des Dévôts, qui n'auroient pas sçu la promesse que vous m'avez faite, de ne contraindre en rien ma religion; mais, mon pere mort, je ne dois point passer en pays étranger avec un homme qui n'est pas mon époux. Il seroit facile, reprit Milord, de vous mettre l'esprit à l'aise, en trouvant un Ecclésiastique qui nous marieroit ici. Mademoiselle Lovel n'avoit pas prévu cette réponse; elle fut quelques momens sans répondre; mais, enfin, rompant le silence d'un ton mal assuré, il faudroit, continua-t-elle, prévenir la Supérieure qui ne voudroit pas, sans ordre, me permettre de sortir de la Maison; & je doute que la réponse de mes protecteurs fût favorable. J'aimerois mieux attendre une occasion de passer en Angleterre de ma propre volonté... que de vous confier à la foi d'un Hérétique, continua Milo d en souriant; j'entrevois des scrupules de conscience dans vos objections; avouez-le, Mademoiselle, si j'étois Catholique.

Romain, je ferois bientôt votre époux.

Mademoiselle Lovel fut charmée du tour que Milord donnoit à ses refus, & par une suite de sa dissimulation, elle ne voulut point le tirer d'erreur; il employa en vain tous les motifs imaginables pour la déterminer à le suivre; elle persista dans le dessein de rester dans son Couvent. La voyant ferme dans cette résolution, il l'assura de son amour & de sa constance, & reprit la route de Londres. Comme il avoit beaucoup de crédit à la Cour, il essaya de faire passer la pension de Mr. Lovel à sa fille, pour l'engager à quitter la France; ses tentatives furent inutiles; on lui promit de prendre soin de cette Demoiselle, si elle se déterminoit à quitter sa patrie pour retourner au giron de l'Eglise Protestante. Tout ce qu'il put obtenir se réduisit à une gratification qu'il lui fit tenir aussitôt.

Les incertitudes de Mademoiselle

Lovel venant de ſon amour , il n'y avoit pas d'apparence qu'elle pût ſe déterminer en faveur de Milord, ſans de nouvelles raiſons. Ses protecteurs payoient exactement ſa penſion ; ces petites ſommes ménagées, elle jouiſſoit du néceſſaire ; mais ſon ſort, pour l'avenir, n'avoit pas une perſpective heureuſe. Son pere étant mort, il ne lui reſtoit aucune reſſource ; le Chevalier pouvoit mourir ou changer ; & dans ces deux cas, elle reſtoit privée de l'unique eſpoir auquel elle avoit tout ſacrifié. Ces réflexions lui ôtoient ſouvent le repos & lui donnoient une mélancolie éloignée de ſon caractere. Enfin, ce ſentiment intérieur, ce penchant ſi tendre qu'elle concevoit pour le Chevalier, les marques qu'il lui donnoit ſouvent de ſa conſtance lui firent préférer ſa ſituation, quelque fâcheuſe qu'elle pût devenir, aux avantages qui l'attendoient en renonçant pour jamais à ſon amour.

Etrange effet d'une paſſion à qui l'on ſacrifioit jadis les plus grands intérêts!

Mademoiſelle Lovel étoit dans cette poſition, lorſque ſon frere parvint à la Cure de Prémur, & lui propoſa de venir demeurer avec lui. Quoiqu'il ne l'eût vue que rarement depuis qu'il en avoit été ſéparé chez ſes parens, il l'aimoit & avoit entretenu un commerce de lettres avec elle. Cependant elle n'avoit pas jugé à propos de l'informer de tout ce qui lui étoit arrivé chez la Marquiſe de M.. Elle avoit tenu avec lui la même conduite qu'avec le Chevalier & Milord C..; c'eſt-à-dire, qu'il ne ſçavoit rien en particulier de ce qui la concernoit; renfermée en elle-même, elle ne confioit jamais ſes ſecrets à perſonne. Son frere attribuoit le changement de Couvent à quelque caprice de ſes protecteurs, & crut lui faire plaiſir en la tirant d'une Province éloignée, pour venir jouir au moins de la liberté.

Il eut beaucoup de peine à obtenir cette grace ; mais, enfin, ayant employé le crédit de l'Evêque d'Amiens, dont il dépendoit, elle quitta son Couvent pour aller partager sa retraite. On lui conserva une pension de cinq cents livres, qui, jointe au bénéfice de son frere & à quelques gratifications, leur donnoit un revenu de plus de deux mille livres.

Mademoiselle Lovel regarda d'abord sa nouvelle situation comme la plus heureuse qu'elle pût espérer ; jouissant de sa liberté, ne songeant à prendre aucun engagement que de l'aveu de son cœur, accoutumée à la retraite & à la médiocrité, elle ne fut point allarmée de vivre dans le fond d'une campagne déserte & à la tête d'une maison peu opulente. Bientôt une circonstance lui fit trouver son état présent plus heureux ; la proximité de la terre de M.. lui rendit le séjour de Prémur le plus bel endroit du monde ; elle espéroit que le Chevalier auroit souvent occasion de la voir sans donner des soupçons à la Marquise. Quoiqu'elle ne vît pas jour à être unie à cet amant, son inclination la portoit invinciblement vers lui, & tant qu'il ne s'engageroit pas dans des vœux contraires à son amour, elle conservoit quelque espérance. Il pouvoit arriver des révolutions dans la famille du Chevalier ; enfin il est de l'essence des amans & des malheureux d'espérer toujours un meilleur sort.

Son premier soin, en arrivant à Prémur, fut d'avertir le Chevalier de leur voisinage ; il prit le prétexte de Paris pour y faire des voyages & même quelque séjour. Quel bonheur pour eux ! Quel transport pour le Chevalier à la nouvelle qu'il reçut de l'arrivée de Mademoiselle Lovel ! Il eut peine à contenir sa joie, sur-tout quand il la revit ; la présence du Curé ne fut pas capable de le retenir ; il donna à Mademoiselle Lovel mille assurances d'un amour constant.

Monsieur Lovel ne tarda pas longtems à s'appercevoir des sentimens de sa sœur ; il lui fit un reproche de ne lui avoir pas fait plutôt confidence d'un attachement qui devoit avoir sans doute des suites honnêtes. Mademoiselle Lovel fut embarrassée dans sa réponse ; elle ne vit pas de meilleurs moyens de se tirer des questions de son frere, qu'en lui faisant une demi-confidence, & ne lui parlant ni du Marquis de M.. ni de Milord C.. Cette réserve lui attira bien des chagrins.

Si Monsieur & Madame de Prémur avoient été charmés du nouveau Curé, ils le furent bien davantage de sa sœur ; ils crurent que les vertus de cette Demoiselle serviroient d'exemple à leur fille ; mais Mademoiselle de Prémur ne la vit pas des mêmes yeux ; elle en conçut une mortelle jalousie & une haine qui n'éclata que trop dans la suite. La sagesse, la modestie, la retenue de Mademoiselle Lovel faisoient un contraste si frappant avec l'humeur, les manieres & le ton de Mademoiselle de Prémur, qu'il n'étoit pas possible que ces deux personnes pussent vivre long-tems ensemble, au moins avec les apparences de l'honnêteté. Le Chevalier vint encore augmenter leur antipathie, Mademoiselle Lovel étoit incapable des sentimens de haine; cette passion basse ne pouvoit habiter dans une ame faite pour l'amour & dont tous les mouvemens étoient réglés par la raison; mais plus une ame est sensible & honnête, plus elle s'éloigne avec violence des objets qui ne lui ressemblent pas; le mépris est alors d'autant plus grand, que c'est le seul sentiment qu'elle soit en état d'avoir pour ces mêmes objets.

Mademoiſelle de Prémur vint un jour chez le Curé lorſque le Chevalier y étoit ; ſon empreſſement, ſon amour, la joie qui brilloit dans ſes yeux donnoient à ſa phyſionomie tant de vivacité & de paſſion, qu'il étoit impoſſible de le voir avec indifférence. Mademoiſelle de Prémur en demeura étonnée ; elle connut d'abord qu'il étoit l'amant d'une perſonne qu'elle commençoit de haïr ; ſon amour-propre lui fit imaginer qu'elle pourroit la chaſſer d'un cœur où elle regnoit depuis ſi long-tems, & elle devint fort aſſidue chez le Curé pour avoir occaſion de connoître le Chevalier qui y venoit fréquemment.

Mademoiſelle Lovel n'oublia pas de peindre Mademoiſelle de Prémur au Chevalier, telle qu'elle la voyoit ; ce portrait étoit inutile avec un amant qui ne reſpiroit que pour elle, & qui d'ailleurs avoit la plus grande averſion pour les femmes hardies. Mais les viſites fréquentes qu'elle leur rendoit devinrent très-gênantes. Quoique leurs tête-à-tête fussent pleins d'innocence, un tiers est toujours incommode ; leur tendresse, les épanchemens de cœur, qui faisoient tous leurs plaisirs, ne pouvoient souffrir de témoins ; ils s'en plaignoient sans pouvoir éloigner cette indiscrette fille, qui, s'appercevant de leur impatience, n'en avoit que plus de plaisir à les désespérer. Souvent le Chevalier lui tournoit le dos & adressoit à Mademoiselle Lovel les expressions & les caresses les plus séduisantes. Le personnage de Mademoiselle de Prémur dans cette occasion auroit bien dû la guérir de l'envie de troubler ces deux amans ; mais par une suite de sa façon de penser, pourvu qu'elle se satisfît en nuisant à quelqu'un, il ne lui importoit pas à quel prix.

Le Chevalier avoit résolu d'employer les plus grands ressorts pour déterminer ſa mere à conſentir à ſon mariage ; peut-être en ſeroit-il venu à bout, ſans les circonſtances que l'on verra. Cependant Mademoiſelle Lovel fut obligée de dire à ſon frere les intentions du Chevalier ; elle s'appercevoit que depuis quelque tems il paroiſſoit inquiet de ſes aſſiduités ; ſouvent même il étoit rêveur. Elle crut que cette différence d'humeur venoit de ce qu'il craignoit qu'elle ne fût point heureuſe avec un attachement dont le but ſembloit ſi éloigné, & peut-être incertain : elle ne pouvoit lui ſçavoir mauvais gré de ces inquiétudes qui partoient de l'amitié qu'il avoit pour elle. Il étoit bien loin d'avoir cette délicateſſe de penſer ; ſes chagrins venoient d'une autre ſource, & par l'inſtigation de Mademoiſelle de Prémur qui ne ceſſoit de lui dire que les aſſiduités du Chevalier nuiroient à la réputation de ſa ſœur & peut-être à la ſienne. Le Curé auroit gliſſé ſans doute ſur ces conſidérations, s'il ne s'en étoit joint une autre beaucoup plus forte pour lui.

Il ne pouvoit ſe cacher que Mademoiſelle de Prémur ne trouvât le Chevalier auſſi aimable qu'il l'étoit en effet: les louanges qu'elle lui donnoit ſans ceſſe l'avoient inſtruit de ſes ſentimens; ou, pour mieux dire, elle ne prenoit pas de peine pour les diſſimuler: peu accoutumée à combattre ſes penchans, elle y cédoit ſans réſiſtance; & le Curé fut confirmé dans l'opinion qu'il ne lui manquoit que les occaſions de les déclarer à celui qui les lui avoit inſpirés. Comme il avoit des yeux prévenus, & qu'il ne trouvoit rien de ſi beau qu'elle, il appréhenda que le Chevalier ne quittât ſa ſœur pour Mademoiſelle de Prémur. Voilà ce qui lui donnoit tant de ſoucis; car il étoit bien loin de condamner l'inclination de ſa ſœur, ayant dans ſon ame de quoi ſe donner de l'indulgence pour les foibleſſes d'autrui ; d'ailleurs il étoit fort tranquille ſur la conduite de ſa ſœur & connoiſſoit ſa vertu.

Le Chevalier prit le parti de ne venir à Prémur que de très-grand matin, ou fort tard, pour éviter Mademoiſelle de Prémur qui vint pluſieurs fois ſans le rencontrer. Cette affectation du Chevalier auroit dû lui faire abandonner le deſſein de le ſéduire, mais elle n'étoit pas capable de ſe rebuter par des difficultés qui ne lui paroiſſoient pas impoſſibles à vaincre ; elle épia ſi bien les momens de le voir, qu'enfin elle ſe procura un entretien avec lui. Mademoiſelle Lovel fut obligée de donner quelques ordres & de les laiſſer ſeuls ; après quelques queſtions vagues ſur l'éloignement de M.. & ſur le tems qu'il falloit pour arriver à Prémur, elle amena la converſation ſur Mademoiſelle Lovel ; je ne conçois pas, dit elle, l'attachement de certains hommes pour ces Idoles qui ne remuent, n'agissent & ne parlent que par ressorts. Le Chevalier sentit que cette attaque portoit sur Mademoiselle Lovel, qui en effet n'étoit pas vive ; il ne daigna pas y répondre. Ceci vous regarde, continua-t-elle ; car vous aimez la sœur du Curé ; c'est une bonne fille assurément, mais sans génie, qui ne pense point. Le Chevalier, poussé à bout, ne put y tenir davantage : je vois bien, reprit-il, que vous ne la connoissez pas ; son mérite est si distingué, que, quand elle sçauroit ce que vous dites d'elle, elle ne vous en voudroit pas, connoissant le motif qui vous fait agir, & peut être le méprisant.

Mademoiselle de Prémur avoit de l'esprit, mais aucune expérience du monde. Ce que le Chevalier venoit de lui répondre ne lui parut pas aussi offenſant qu'il l'étoit en effet. Je n'ai d'autres motifs, repliqua-t-elle un peu confuſe, que de vous détourner d'un ſot engagement ; je ſuis fâchée de vous voir perdre des ſoins auprès d'une perſonne qui n'en connoît pas le prix. Je vous remercie, répondit le Chevalier d'un ton ironique, de l'intérêt que vous prenez à ce qui me regarde. Mademoiſelle de Prémur rougit & répliqua qu'elle lui avoit cru de l'eſprit, mais qu'elle voyoit bien qu'elle s'étoit trompée. Son dépit ne lui permit pas d'en dire davantage ; elle ſe leva & ſortit pour ſe retirer chez elle ; mais elle rencontra le Curé, qui l'obligea avec inſtance de rentrer. Sa mauvaiſe humeur ſe fit ſentir toute l'après-dînée ; Mademoiſelle Lovel s'en apperçut ſans rien comprendre au changement qu'elle remarquoit ; elle eut ſa part des bruſqueries que Mademoiſelle de Prémur prodiguoit au Chevalier, qui n'en fit que rire.

Elle n'étoit pas fille à en demeurer à cette premiere tentative, quoiqu'elle ne lui eût point réussi ; elle devint si assidue chez le Curé, qu'il se présenta plus d'une occasion de renouer le tête-à-tête qui s'étoit passé si ridiculement ; mais le Curé, inquiet de ces empressemens, se mit si bien en devoir d'empêcher qu'elle ne demeurât seule avec le Chevalier, qu'il lui devint insupportable. Ainsi cette singuliere fille avoit trouvé le moyen de faire la désolation de plusieurs personnes, sans en retirer d'autre satisfaction, que de troubler des amans qui s'adoroient.

Le Curé, devenu chagrin, cherchoit souvent querelle à sa sœur ; il commençoit à prendre un intérêt très-vif à Mademoiselle de Prémur ; il accusoit sa sœur de son peu de progrès auprès d'elle ; il étoit fâché de leur éloignement, & de voir que Mademoiselle

Lovel laissoit souvent échapper des marques de mépris contre Mademoiselle de Prémur.

Mademoiselle Lovel, fort éloignée de penser mal de son frere, ne pouvoit se persuader qu'il eût pour Mademoiselle de Prémur d'autres sentimens que ceux de l'amitié & de la reconnoissance, pour les attentions que ses parens avoient pour lui. Mais le Chevalier avoit pénétré plus avant ; il le voyoit dévoré par une passion qui pouvoit l'entraîner très-loin, si l'objet venoit un jour à la partager.

La modestie, la crainte d'allarmer sa maîtresse l'avoient empêché de faire part de ses idées à Mademoiselle Lovel, qui n'avoit que les craintes tendres d'une personne qui sait aimer ; elle connoissoit d'ailleurs Mademoiselle de Prémur trop méprisable pour l'appréhender, & ne prenoit pas garde aux actions de son frere,

Le Chevalier venoit ſouvent à cheval avec un ſeul Valet de chambre qui lui étoit affectionné, & à qui il avoit recommandé le ſecret ; malheureuſement ce garçon étoit amoureux de la même femme qui avoit inſtruit la Marquiſe de l'amour de ſon fils : cette femme queſtionna tant ſon amant ſur les fréquens voyages du Chevalier, qu'elle decouvrit une partie de l'aventure ; mais comme ce garçon ne ſçavoit à laquelle des deux Demoiſelles ſon Maître étoit attaché, & qu'il n'étoit entré dans la maiſon que depuis que Mademoiſelle Lovel n'y demeuroit plus, il ne ſçavoit à quoi s'en tenir, & il ne nomma perſonne ; cependant ſur le portrait qu'il fit de Mademoiſelle Lovel, la femme de la Marquiſe n'eut aucune incertitude.

Le Marquis de M... étoit de retour depuis ſix mois, & croyoit Mademoiſelle Lovel dans ſon Couvent de Normandie ; il ne pouvoit lui pardonner de lui avoir préféré ſon frere ; & quoiqu'il n'eût rien dit au Chevalier, il conſervoit tout le reſſentiment poſſible contre lui, & ſur-tout contre Mademoiſelle Lovel qu'il accuſoit dans ſon cœur de légéreté & d'ingratitude. On lui avoit écrit l'aventure du parc, qu'il imaginoit beaucoup plus grave qu'elle ne l'étoit en effet ; & il eut de la peine à ajoûter foi aux proteſtations de la Marquiſe, qui, pour l'acquit de ſa conſcience, s'étoit crue obligée de réparer le tort qu'elle avoit fait à la réputation de Mademoiſelle Lovel. Le Marquis s'imagina que ſa mere en étoit la dupe, & il prit pour Mademoiſelle Lovel des idées fort déſavantageuſes.

Il étoit dans cette prévention, lorſque la femme de la Marquiſe vint encore réveiller une perſécution contre Mademoiſelle Lovel, en racontant au Marquis le ſujet des fréquens voyages de ſon frere à Prémur. Le Marquis ſentit tout-à-coup des mouvemens qui ne lui permirent pas de reſter plus long-tems en repos ; ſa mere avoit exigé de lui des ſermens de ne jamais parler à ſon frere du ſujet qui pouvoit les déſ-ūnir ; mais il ne crut pas devoir le laiſſer jouir en paix des plaiſirs dont il l'avoit privé ; il réſolut au moins de les troubler s'il ne pouvoit les empêcher, & de reprocher à Mademoiſelle Lovel ce qu'il appelloit ſa perfidie.

Dans cette penſée, il recommanda la diſcrétion à la femme de la Marquiſe, & ſuivit ſon frere dans ſes rendez-vous. Quelques jours après il prit le chemin de Prémur & y arriva lorſque le Chevalier goûtoit auprès de ſa maîtreſſe le bonheur inſéparable d'une union auſſi tendre que délicate & conſtante. Le Curé ſortoit de chez lui pour aller au Château, quand le Marquis ſe préſenta, & lui dit, en ſe nommant, qu'il croyoit ne lui être pas inconnu. Le Curé ignoroit l'histoire de sa sœur avec le Marquis ; ainsi il étoit tout naturel qu'il l'introduisît sur le champ ; mais faisant réflexion que le Chevalier pouvoit bien avoir des raisons de ne point paroître, il pria le Marquis d'entrer dans une salle, & courut dans le jardin avertir sa sœur & le Chevalier de la visite qui venoit de leur arriver. Ils en furent étourdis ; mais le Chevalier prit sur le champ son parti ; & sortant par la porte du jardin, il se fit amener son cheval & retourna à M.. Mademoiselle Lovel vint au-devant du Marquis, fort embarrassée de ce qu'elle auroit à lui dire.

Cette entrevue se passa d'abord assez tristement ; le Marquis reprocha à Mademoiselle Lovel sa légèreté ; elle se justifia en lui disant qu'elle avoit eu toujours les mêmes sentimens pour lui ; qu'ils n'avoient jamais été que d'amitié

& de reconnoiſſance, & qu'ils s'étoient trompés tous les deux en les prenant pour de l'amour. Quoi! reprit le Marquis vivement, cette douceur, cette complaiſance à ſouffrir mes aveux & ma tendreſſe, n'étoient que des preuves d'amitié! J'ai lieu de le croire, répliqua Mademoiſelle Lovel. C'eſt-à-dire, continua le Marquis, que vous avez été dans le cas de faire des comparaiſons; & mon frere eſt aſſez heureux pour vous avoir inſpiré de l'amour. Je vous nierois en vain, reprit Mademoiſelle Lovel, que Monſieur le Chevalier de M.. m'eſt infiniment cher, & qu'il a pris pour moi des ſentimens fort tendres; ce n'eſt point un reproche que vous ayez à lui faire, puiſque vous avez eu les mêmes, & que les preuves que vous avez bien voulu m'en donner, m'ont attiré mes premiers malheurs. Le Marquis ſoupira, & la regardant avec une eſpéce de ſurpriſe : je croyois, lui dit-il, en venant ici, avoir beaucoup de reproches à vous faire ; mais je m'apperçois que votre esprit vous sauve non-seulement de mes plaintes, mais sçait encore mettre le tort de mon côté : cependant vos promesses, lorsque je partis, vous engageoient à moi ; j'ai des droits que je ne veux pas céder à mon frere ; ce seroit trop présumer de ma complaisance pour lui. Mademoiselle Lovel baissa les yeux, & son embarras fit voir au Marquis que l'esprit ne sert à rien avec une personne honnête, quand il est question de promesses qui intéressent l'honneur ; elle avoua qu'elle avoit promis indiscrettement. Ne vous êtes-vous pas, demanda le Marquis, engagée avec mon frere plus indiscrettement encore ? Helas ! Monsieur, dit Mademoiselle Lovel naïvement, je n'ai rien consulté, quand je me suis liée d'inclination avec lui : j'ai cédé au penchant qui m'entraînoit ;

je ne l'ai même combattu que parce que je ne voyois pas jour à justifier ma tendresse par un mariage. Ingrate, s'écria le Marquis, il ne vous est pas même venu dans l'esprit que vous m'eussiez promis de n'être qu'à moi; mon frere vous occupoit toute entiere, & aucun regret n'est venu troubler les doux momens que vous passiez ensemble. Je n'ai pas été la maitresse de disposer de mon cœur, répliqua Mademoiselle Lovel; car il y a toute apparence que je vous l'eusse donné; mais si vous avez quelques sujets de vous plaindre de moi, oubliez-les, je vous en conjure, & attachez-vous à quelque personne digne de vous: Madame votre mere n'eût jamais consenti à notre hymen, & nous eussions été malheureux. Ha! peut-on l'être, continua le Marquis, quand on est sûr d'être aimé? Je donnerois ma vie pour un tête-à-tête semblable à celui dans lequel ma mere vous surprit dans le parc de M..

Mademoiselle Lovel s'étoit tue aux reproches du Marquis ; mais voyant qu'il la soupçonnoit d'un commerce avec son frere, elle le regarda avec assurance : les gens qui vous ont instruit, lui dit-elle, ont eu leurs raisons de vous en imposer & d'ajoûter des circonstances contraires à la vertu dont je ne me suis jamais écartée ; mais votre frere n'a pas été plus avancé que vous, quoiqu'il m'ait fait connoître mon erreur ; & je ne crois pas meme qu'il ait conçu des espérances injurieuses qui lui eussent fait perdre mon estime, s'il me les eût montrées. Le Marquis baissa les yeux & ne répondit rien ; ce dernier trait portoit fur lui ; il n'avoit à opposer que des propos vagues & rebattus à des discours sensés, dont il connoissoit toute la force dans la bouche de Mademoiselle Lovel. Mais qu'espérez-vous, lui demanda-t-il encore ? Mon frere est destiné à l'ordre de Malte ; il n'a rien à prétendre qu'une légitime qui ne lui suffiroit pas sans mon amitié ; & ma mere, dont il dépend absolument, est bien loin de consentir à son mariage. Je n'ai rien à prétendre, Monsieur, reprit Mademoiselle Lovel douloureusement ; laissez-moi vivre en repos dans cette retraite, sans ambition & sans jalousie du bonheur des autres.

Le Marquis en soupirant lui protesta qu'il n'avoit aucun dessein de lui déplaire, quoiqu'il vît le bonheur de son frere avec envie ; que son intention avoit été d'abord de faire tous ses efforts sur l'esprit de sa mere, pour l'engager à consentir à son mariage avec elle ; mais qu'ayant appris l'aventure du parc, il n'avoit songé qu'à l'oublier ; que des éclaircissemens qu'il avoit reçus de nouveau sur l'attachement de son frere, l'avoient déterminé à venir à Prémur. Mademoiselle Lovel, voyant que cette conversation devenoit inquiétante, en changea, & raconta au Marquis tout ce qui lui étoit arrivé depuis son départ de M.. pour retourner au Couvent. Soit par un sentiment d'orgueil ou sans aucun dessein, elle lui dit ce qui concernoit Milord C.., ses tentatives pour l'épouser, & le peu d'empressement qu'elle avoit marqué pour cet établissement, quoique fort au-dessus de ce qu'elle pouvoit espérer, même avec le Chevalier.

Il l'avoit écoutée avec la plus grande attention. Que mon frere est heureux ! s'écria-t-il encore ; car sans lui vous eussiez suivi Milord en Angleterre, & vous jouïriez d'une fortune & d'un rang que vous lui avez sacrifiés ; si vous en eussiez fait la moindre partie pour moi, j'aurois cru le don de ma main & de tout ce que je possede, au-dessous de ce que vous méritez & d'un pareil sacrifice. Mon frere, encore une fois, ne peut vous en dédommager. Je ne me suis pas interrogée, reprit Mademoiselle Lovel, quand j'ai refusé Milord C.. ; je ne lui ai pas même ôté l'espérance d'être un jour mon époux ; mais je sens bien que, tant que votre frere m'aimera, je ne me déterminerai jamais à élever des obstacles entre lui & moi. Le Marquis admiroit en silence le caractere de Mademoiselle Lovel, & la force de son penchant, qui lui faisoit préférer une situation obscure avec un amant qu'elle adoroit, à une fortune brillante en renonçant à cet amant.

Mon frere sçait-il vos engagemens avec Milord C.., demanda le Marquis? J'ai cru, reprit-elle, devoir lui épargner un détail qui l'auroit inquiété ; & il ignore absolument les intentions de mon pere mourant, & toutes les circonstances de ce mariage proposé. Le Curé qui arriva dans ce moment, rendit la conversation générale, & le Marquis

Marquis n'oſa pourſuivre des eclairciſſemens qui l'avoient intéreſſé ; il lui vint dans l'eſprit de ſe ſervir de la confidence de Mademoiſelle Lovel, pour rompre ſa liaiſon avec le Chevalier, & par ce moyen ſe venger, en les ſervant tous les deux ; car il croyoit obliger Mademoiſelle Lovel en la forçant d'épouſer Milord C.., & faire du bien à ſon frere, en le ſéparant d'une perſonne qui l'empêchoit de prendre un parti pour lequel ſa mere l'avoit deſtiné. Il ne pouvoit mieux réuſſir dans cette trahiſon, qu'en faiſant éloigner ſon frere, & engageant Milord C.. à faire un voyage en France : mais de nouvelles circonſtances changerent ſes projets.

Mademoiſelle de Prémur, qui avoit le malheur des perſonnes oiſives, celui de s'ennuïer ſeule, ſe rendit chez le Curé où elle étoit ſûre de rencontrer compagnie. Le Marquis, qui avoit perdu toute eſpérance d'être à Mademoiſelle Lovel, dont une abſence de trois ans avoit calmé les feux, ou qui par une inconſtance naturelle préféroit les objets nouveaux, trouva Mademoiſelle de Prémur auſſi belle qu'elle l'étoit effectivement; ſon air décidé & ſa folie lui firent concevoir que la conquête n'en ſeroit pas difficile; il lui tint des propos qui n'étoient que galants; elle les prit pour les marques d'un amour auſſi violent que prompt; la conquête du Marquis lui parut brillante; ſa coquetterie naturelle avoit part uniquement à l'envie qu'elle eut de ſe l'aſſurer; car le Chevalier étoit le ſeul objet pour lequel ſon cœur ſe fût déclaré. Le Marquis s'en retourna à M.. fort amoureux d'elle, & perſuadé qu'il alloit former un amuſement d'autant plus agréable, qu'il le romproit ſitôt que l'inclination le porteroit ailleurs, ou que les circonſtances le détermineroient.

Il ne connoiſſoit pas les femmes, dont les vices ſont cachés ſous le plus bel extérieur, & qui y joignent aſſez d'eſprit pour conduire un homme avec empire.

Le Curé étoit lui-même dans une étrange poſition, pour un Paſteur qui devoit l'exemple à ſon troupeau; malheureuſement ſon état ne garantit pas des paſſions, & ſon caractere impétueux & foible le laiſſoit toujours ſans défenſe; ſon choix ſeul auroit dû le retenir dans les bornes de l'honnêteté: c'étoit la fille du Seigneur de ſa Paroiſſe; il étoit Prêtre, & par conſéquent ne pouvoit avoir des intentions pures. Ces conſidérations auroient dû le détourner d'une paſſion qui ne pouvoit avoir que des ſuites malheureuſes: mais l'amour ne raiſonne point, & Monſieur Lovel ſe livroit à une perſonne qui, loin de le faire rentrer dans ſon devoir, étoit bien plus propre à le plonger dans un affreux déſordre.

L'état de Monsieur Lovel, son peu d'expérience l'empêcherent long-tems de déclarer son amour : mais s'étant apperçu de celui de Mademoiselle de Prémur pour le Chevalier, la jalousie le fit passer par-dessus toutes les considérations ; d'abord il fit part de ses découvertes à sa sœur, qui ne s'en allarma pas, estimant son amant, & sachant le mépris qu'il avoit pour Mademoiselle de Prémur ; si elle eût connu les hommes, cette réflexion ne l'eût pas rassurée.

Le Chevalier avoit fait une grande faute en amour, en cachant à sa maîtresse les avances de Mademoiselle de Prémur ; il risquoit de lui donner des soupçons ; & donner des soupçons à ce qu'on aime, c'est le plus grand supplice des ames tendres. Mademoiselle Lovel ne put enfin se refuser aux apparences ; elle ne pouvoit comprendre que le Chevalier ignorât ce que tout le monde voyoit évidemment ; ce myſtere lui parut ſuſpect : la crainte s'empara de ſon ame ; elle devint triſte & penſive ; la gaieté de Mademoiſelle de Prémur acheva de la conſterner. On n'eſt pas ſi enjoué, diſoit-elle à ſon frere, quand on doute de ſa conquête ; le Chevalier ſeroit-il inconſtant ? Qu'il y auroit de fauſſeté dans ſa conduite ! car il me montre la même paſſion, & je lui ai cent fois entendu dire qu'il avoit pour cette fille la plus grande antipathie.

Si le Chevalier commit une faute en lui cachant les avances de Mademoiſelle de Prémur, Mademoiſelle Lovel en fit une encore plus grande en évitant une explication qui lui auroit rendu la tranquillité ; la honte d'avouer ſon inquiétude, ou plutôt la crainte de faire une injure à ſon amant, la retint un mois dans un ſilence cruel.

Monſieur Lovel avoit un double intérêt à retenir le Chevalier dans les chaînes de sa sœur ; il lui promit d'éclairer leur conduite de si près, qu'il seroit bientôt instruit s'il y avoit entre eux quelqu'intelligence : mais il ne put s'en éclaircir, Mademoiselle de Prémur ne s'étant point trouvée avec le Chevalier par des raisons que l'on verra bientôt. Mademoiselle Lovel attribuoit le zele de son frere à son amitié pour elle ; qu'elle eût été confuse si elle avoit pu pénétrer le motif qui le faisoit agir avec tant de feu !

A son retour à M.. le Marquis ayant pris son frere en particulier, lui dit que la franchise de Mademoiselle Lovel leur avoit sauvé à tous trois beaucoup de chagrins & d'ennuis ; j'espere, ajoûta-t-il, que vous agirez avec la même sincérité. Elle m'a avoué ingénuement le goût qu'elle a pour vous & celui que vous avez pour elle ; Il n'est donc plus question de mystere entre nous ;

je vous cede tous mes droits, & pour ne vous laiſſer aucun doute de ma bonne foi, je vous avoue que ma paſſion a changé d'objet ; vous pouvez jouir en paix des ſatisfactions que vous procure votre tendreſſe.

Le Chevalier imagina d'abord que ſon frere vouloit lui en impoſer ; le Marquis, appercevant ſon inquiétude, l'aſſura avec ſerment qu'il diſoit la vérité, & pour le prouver il lui raconta une partie de ſa converſation avec Mademoiſelle Lovel, à l'exception de ce qui concernoit Milord C..

Le Chevalier, raſſuré entiérement, profita de la circonſtance pour montrer à ſon frere la force de ſon amour & le merite de Mademoiſelle Lovel, le priant de ſe joindre à lui pour déterminer leur mere à conſentir à ſon mariage : il ajoûta que l'eſpérance de l'épouſer avoit été la ſeule cauſe des délais qu'il avoit apportés à la prononciation de ſes vœux : le Marquis tourna la tête d'un air impatient, ce qui fit juger au Chevalier qu'il en avoit trop dit.

Satisfait cependant de n'avoir plus ſon frere pour rival, il ne s'inquietta pas quelle étoit ſa nouvelle paſſion : mais il ne fut pas long-tems à ignorer qui en étoit l'objet : il en plaiſantoit quelquefois avec Mademoiſelle Lovel, dont la triſteſſe ne ſe diſſipoit point malgré le déſintéreſſement qui paroiſſoit dans la conduite du Chevalier par rapport à la paſſion de ſon frere ; elle avoit été témoin cent fois des agaceries de Mademoiſelle de Prémur ; il lui ſembloit que le Chevalier auroit dû les recevoir plus froidement ; ſon extrême délicateſſe lui faiſoit un crime de la moindre choſe & elle ne pouvoit ſe perſuader qu'il n'eût au moins des égards pour elle, puiſqu'il étoit ſi diſcret.

Il aimoit avec trop de paſſion pour

ne pas s'appercevoir des changemens qui étoient ſurvenus dans l'humeur de Mademoiſelle Lovel ; il lui en demanda tendrement la raiſon. Auriez-vous des ſecrets pour moi ? Elle héſita long-tems ; enfin vaincue par ſes inſtances, elle avoua le ſujet de ſa triſteſſe : il la regarda avec ſurpriſe. Quoi ! répliqua-t-il, c'eſt vous qui me ſoupçonnez après quatre ans de conſtance & d'amour ! pour qui, encore, me faites-vous cette injure ? pour la créature la plus mépriſable que je connoiſſe ; l'amant de ma chere Lovel peut-il regarder un ſujet pareil ? Rendez nous plus de juſtice, ma chere & charmante amie ; & accordez moi plus de confiance & d'eſtime. Mademoiſelle Lovel avoit trop de plaiſir à être perſuadée pour avouer qu'elle avoit tort : c'eſt votre réſerve, lui dit elle, qui m'a donné des allarmes ; il n'eſt pas poſſible que vous ignoriez les ſentimens que vous avez fait naître, puiſque tout le monde s'en eſt apperçu. Mademoiſelle de Prémur eſt peu eſtimable : mais elle eſt bien faite & belle ; elle offre par ſes manieres libres une conquête facile, & l'attrait du plaiſir doit être ſéduiſant pour les hommes qui n'ont pas comme nous le préjugé à reſpecter. Si je n'ai pas le préjugé à reſpecter, reprit impatiemment le Chevalier, j'ai mon amour, mes ſermens, mon devoir, la crainte de vous déplaire, & de plus une averſion invincible pour les femmes de mauvaiſes mœurs. Ah ! reprit Mademoiſelle Lovel, vous vous trompez ; Mademoiſelle de Prémur a un caractere odieux : mais elle eſt ſage. Si elle l'eſt encore, continua le Chevalier, elle ne tardera pas de vous faire rougir de l'avoir connue & ſoufferte auprès de vous.

Quoique ce jugement parût outré, il ne déplut pas à Mademoiſelle Lovel :

il achevoit de la raſſurer, & la femme la plus eſtimable n'eſt point fâchée d'entendre médire d'un objet qui lui fait ombrage ; cette explication finit comme elles finiſſent toutes entre des perſonnes qui s'aiment, par des proteſtations de fidélité & par des preuves qu'on eſt de bonne foi.

Le Marquis avoit été reçu de Monſieur & de Madame de Prémur avec de grands égards ; ils ſe trouverent flattés de cette connoiſſance, dans la penſée que le Marquis ne pouvoit avoir que des vûes honnêtes ſur leur fille : ils ne pouvoient pas même imaginer le contraire, il n'y avoit rien d'extraordinaire dans la recherche du Marquis, ſi Mademoiſelle de Premur eût été, comme elle devoit l'être, renfermée dans les vertus de ſon ſexe.

Bientôt les fréquentes abſences des deux freres inquieterent la Marquiſe : elle ne tarda pas à être inſtruite du ſujet de leurs voyages, & appréhendant des querelles entre ſes fils, elle leur défendit décidément d'aller à Prémur: elle s'étoit imaginée qu'ils aimoient la même perſonne; mais ils la diſſuaderent ſur cet article, & n'étant plus d'âge à obéir ſi ponctuellement, ils continuerent de venir à Prémur fréquemment.

Mademoiſelle de Prémur, gênée par les aſſiduités du Marquis, le prit en averſion; & au lieu d'avancer auprès d'elle, il ſe voyoit tous les jours plus éloigné de lui plaire; le Curé étoit plus heureux: comme elle avoit intérêt de le ménager, ne pouvant voir le Chevalier que chez lui, elle ſouffroit qu'il l'entretînt de ſon amour qu'elle traitoit de folie, & le laiſſa entre la crainte & l'eſpérance. Cette ſituation lui devint funeſte, puiſqu'il n'eut pas de raiſon de combattre ſon penchant: les rigueurs de cette ſurprenante fille lui auroient peut-être fait prendre un parti ſage ; elle venoit ſouvent chez lui ; rien n'étoit ſi extraordinaire que la ſituation de ces quatre perſonnes. Mademoiſelle de Prémur n'avoit pas aſſez d'yeux pour regarder le Chevalier, qui a peine lui rendoit les égards de la ſimple politeſſe : le Curé avoit toute l'agitation de la jalouſie & n'oſoit s'en plaindre ; & Mademoiſelle Lovel portoit ſur ſon viſage l'impreſſion la plus tendre de l'amour du plaiſir.

Quoique le Marquis ſe fût déclaré l'adorateur de Mademoiſelle de Prémur, il n'avoit aucune intention de l'épouſer : mais perſonne ne ſe douta de ſes vûes : il reçut différens avis ſur ſon caractere & même ſur ſa conduite dont il ſe moquoit alors : continuant donc ſes aſſiduités, il ſe déſeſpéroit du peu de ſuccès qu'il en retiroit : quand il parloit de ſon amour, elle lui diſoit qu'il n'étoit point propre au mariage; (en effet le Marquis étoit d'une complexion fort délicate,) & elle ajoûtoit mille plaiſanteries ſur la fineſſe de ſa taille & la beauté de ſon teint. Souvent ſon dépit étoit extrême; d'autres fois il ne pouvoit s'empêcher de rire des ſaillies de Mademoiſelle de Prémur. Un jour il la trouva de fort mauvaiſe humeur: après quelques propos indifférens elle fit tomber la converſation ſur le mariage, & aſſez bruſquement elle lui demanda quelles étoient ſes intentions? De vous aimer & de vous plaire, répliqua le Marquis. Et où ce beau projet vous conduira-t-il, reprit Mademoiſelle de Prémur? A m'attacher à vous encore davantage, continua-t-il, ſi vous répondez à mon amour. Je crois, reprit Mademoiſelle de Prémur, que vous vous êtes mis dans la tête que vous pourriez me ſéduire; ſçavez-vous, Monſieur, que je ſuis d'auſſi bonne maiſon que vous, & qu'en m'épousant je vous ferois autant d'honneur que vous pourriez m'en faire? Je sçais, dit le Marquis assez surpris de cette brusque sortie, que vous êtes fille de condition : mais je ne puis me marier sans le consentement de ma mere, & du Roi même dont je dépends par mon état. Bon! continua-t-elle, voilà le langage de ces Messieurs, quand on les presse de parler sérieusement : une famille, lè Roi, combien de raisons pour esquiver une réponse positive! Vous me donnez les violons, vous me promenez, vous me faites des cadeaux de de toute espece : vous me contez des miseres du matin au soir ; & je n'aime ni la danse, ni la promenade en voiture, ni les lamentations. Ainsi, Monsieur, vous devez chanter* sur un autre ton, ou cesser vos visites qui commencent à faire parler & qui pourroient éloigner des gens qui pensent à moi plus sérieusement.

Aux expressions près & à la dureté du ton, Mademoiselle de Prémur avoit raison de vouloir faire expliquer le Marquis, qui avec toute son expérience sur les femmes se trouva fort embarrassé sur la réponse qu'il avoit à faire ; il prit la résolution de l'amuser par des espérances : mais comme elle étoit de sang-froid, elle n'en fut point la dupe, & résolut ou de s'en défaire, ou de l'obliger à parler mariage : peut-être que sa passion pour le Chevalier la rendoit forte, & que ne craignant aucune foiblesse pour le Marquis, elle ne balança pas à risquer de perdre un amant qui lui étoit indifférent.

Le Marquis ne se rebuta point. Il essaya de lui peindre les plaisirs sous les formes les plus séduisantes ; il lui prêta les livres les plus dangereux ; Il hazarda des tentatives périlleuses : les transports, les presents, les folies, rien ne lui réussit : il tenta enfin de se gliſſer la nuit dans ſa chambre, de l'attendrir par ſes larmes, par ſa tendreſſe & ſes proteſtations ; peines inutiles ! elle fut pour lui de glace ; elle le menaça même de l'indignation de ſon pere, s'il ne ſe retiroit en diligence & s'il paroiſſoit jamais à ſes yeux.

En réfléchiſſant ſur la conduite de Mademoiſelle de Prémur, on ne conçoit pas quel étoit ſon deſſein. Réſiſter à un homme auſſi bien fait que le Marquis ; prendre de l'amour pour le Chevalier qui la mépriſoit ; lier un commerce de galanterie avec un Prêtre ! cette bizarrerie, qui n'eſt peut-être pas ſans exemple, a cependant lieu de ſurprendre. Mademoiſelle de Prémur ne connoiſſoit pas la vertu, même de nom. Intrépide, décidée, ne voyant ni honte ni dangers ; que pouvoit-elle craindre après l'aveu du Marquis, qui ne vouloit pas l'épouſer ? Peut-être que ſon imagination s'étoit fait une eſpece de gloire à résister à un homme qui s'étoit flatté de la séduire. Les femmes s'apperçoivent aisément des desseins d'un homme qui les aime ; je suis étonnée qu'elles y soient si souvent trompées, & c'est un foible triomphe pour un homme que de vaincre une femme qui a prévu sa défaite & qui connoit les intentions de celui qui la séduit. Toute femme qui va au premier rendez-vous dans l'intention de céder, ne vaut pas la peine d'être attaquée avec des ménagemens.

Le Marquis se trouva fort humilié d'avoir échoué dans son projet. L'amour-propre lui persuada que, puisqu'il n'avoit pas sçu lui plaire, elle en aimoit un autre ; cela étoit vrai au fond : il ne voyoit cependant personne qui pût lui disputer cette conquête ; il n'avoit garde de soupçonner le Curé ni son frere qu'il sçavoit fort amoureux de Mademoiselle Lovel ; ainsi toute réflexion faite, il demeura persuadé de la vertu de Mademoiselle de Prémur, & crut qu'elle étoit déterminée à ne donner son cœur qu'à l'époux qu'elle choisiroit; c'étoit donner à ses rigueurs un tour bien honnête & en même tems prendre le change. Il voulut essayer si en n'allant point à Prémur on le rappelleroit; mais on le laissa tranquille & on ne s'informa pas même de ce qu'il étoit devenu.

Cette conduite & la résistance de Mademoiselle de Prémur, en lui donnant de l'estime pour elle, augmenterent sa passion; il commença à songer sérieusement aux moyens de s'en assurer la possession: ses défauts ne lui parurent plus que l'effet d'une mauvaise éducation; il préféroit sa franchise à la dissimulation de Mademoiselle Lovel; c'est ainsi que l'amour change tout en bien, même les vices dont il tire souvent ses plus grands avantages.

Souvent les deux freres s'entretenoient de leurs maîtreſſes. Le Marquis queſtionnoit le Chevalier ſur les habitudes de Mademoiſelle de Prémur, il répondoit qu'il n'en étoit pas inſtruit : mais que pour peu qu'il eût de la curioſité, le Curé pourroit le ſatisfaire étant très-ſouvent au château & ſçachant preſque tout ce qui s'y paſſoit ; le Marquis ne s'ouvrit pas davantage de ſon deſſein, & réſolut de faire un voyage à Prémur pour entretenir le Curé en particulier ; en effet quelques jours après il monta à cheval de grand matin & deſcendit chez Monſieur Lovel, qui fut fort ſurpris de le voir, y ayant été fort peu depuis pluſieurs mois.

Le arquis prenant le Curé à part & lui faiſant des queſtions ſur Mademoiſelle de Prémur, celui-ci ſe crut perdu parce qu'il ſe ſentoit coupable ; il s'imagina que le Marquis l'avoit pénétré & alloit le confondre par ſes reproches : mais il ne tarda pas à paſſer d'un embarras dans un autre, quand il apprit le deſſein du Marquis, qui plus amoureux que jamais de Mademoiſelle de Prémur vouloit l'épouſer. En effet il s'ouvrit au Curé ſur cette réſolution & ſur le deſir qu'il avoit que ce fût lui qui fît la cérémonie, lui recommandant le ſecret juſqu'à ce qu'il fût ſûr du conſentement de Mademoiſelle de Prémur. Le Curé n'objecta rien, tant il étoit étourdi de cette confidence : mais ne craignant rien tant que de ſe voir éloigné de l'objet de ſa paſſion, il réſolut ſans ſcrupule d'empêcher ce mariage.

Quoiqu'il eût promis au Marquis un grand ſecret, il n'eut rien de ſi preſſé, que de dire à ſa ſœur ce qu'il venoit d'apprendre : elle en frémit ; tout ce qui pouvoit intéreſſer le Chevalier, étoit pour elle un objet important. Le caractere de Mademoiſelle de Prémur la faiſoit trembler pour l'honneur d'une maiſon qui pouvoit un jour être la ſienne ; d'ailleurs la paſſion de ſon frere n'étoit plus un ſecret pour elle ; elle ſoupiroit en penſant aux malheurs qu'il s'attireroit, s'il n'avoit pas aſſez de vertu pour y réſiſter ; elle fut cependant la dupe des intentions du Curé ; elle ne vit dans ſon indiſcrétion qu'une envie de s'amuſer ; il eut même aſſez de fineſſe pour badiner ſa ſœur de ſes délicateſſes mal placées ; & ajoûta d'un air ſimple, qu'il ſeroit fort content de voir Mademoiſelle de Prémur mariée auſſi avantageuſement. Cette fauſſeté étoit le commencement & le ſignal de bien d'autres vices.

Il tardoit à Mademoiſelle Lovel d'être au lendemain pour voir le Chevalier & l'avertir de ce qui ſe paſſoit ; mais il ne vint point. Le Marquis eut tout le tems néceſſaire de voir Mademoiſelle de Prémur & d'étaler à ſes yeux la fatisfaction que lui donnoient ſes ſages réſolutions. Il la trouva fiere ; il ne lui parut pas même qu'elle fût trop ſatiſfaite de ſon retour ; cette fille étonnante lui fit encore valoir beaucoup la grace qu'elle lui accordoit ; après lui avoir manqué auſſi eſſentiellement, il s'imagina ne pouvoir trop acheter ſon pardon, & lui dit que, quoiqu'il fût certain que ſa mere s'oppoſeroit à ſon mariage, il étoit réſolu de l'épouſer, & qu'il n'attendoit, pour la demander à ſon pere, que la certitude d'être aimé ; il y mettoit cette clauſe pour gagner du tems & pour ne pas faire une démarche de cette conſéquence ſans être ſûr d'être heureux avec une fille à qui il faiſoit une fortune auſſi brillante.

Mademoiſelle de Prémur ne pouvoit condamner ſes précautions ; réſolue de ſe conduire de maniere qu'il n'eût rien à redouter, elle ne voyoit pas ſans une grande ſatisfaction le bonheur qui ſe preparoit pour elle. La premiere pensée qui lui vint, fut de faire sentir à Mademoiselle Lovel combien elle alloit lui être supérieure, & se venger par ses hauteurs des mortifications qu'elle lui avoit données ; elle méditoit aussi pour la suite de tirer du Chevalier une vengeance proportionnée au mépris qu'il avoit fait de ses avances ; mais elle étoit loin encore de pouvoir mettre en pratique ses coupables intentions.

Jamais Mademoiselle Lovel n'avoit eu tant d'impatience de voir le Chevalier, qui vint enfin ; elle ne tarda pas à lui dire tout ce que lui avoit raconté son frere. Il fut moins surpris qu'elle ne s'y attendoit ; il connoissoit le Marquis prompt à s'enflammer, s'animant par les difficultés, mais aussi prompt à se détacher quand la raison ou son devoir lui montroient ses fautes. Un mot de ma part, dit-il, détruira toutes les

batteries

batteries de cette fille ; & ma mere ne consentira jamais que mon frere l'épouse.

Le Curé triomphoit du tour que prenoit cette affaire ; il demanda en grace de n'être point compromis ; cela n'étoit gueres possible, à moins que l'on ne rejettât l'indiscrétion sur Mademoiselle de Prémur, qui cependant n'avoit rien dit. On n'avoit pu juger de ce que le Marquis lui avoit proposé, que par le contentement qu'elle affichoit, & les traits ironiques qu'elle lançoit sur Mademoiselle Lovel, qui de son côté s'en vengeoit en les méprisant.

De retour à M.. le Chevalier trouva son frere assez pensif ; quelque plaisir, lui dit-il, que je goûte auprès de Mademoiselle Lovel, il est souvent mêlé d'inquiétude ; elle est allarmée ainsi que moi de l'attachement que vous avez pris pour Mademoiselle de Prémur ; nous espérions que vous ne formeriez avec elle qu'un amuſement. C'étoit d'abord mon intention, reprit le Marquis ; mais ſa vertu m'a fait changer de deſſein. Le Chevalier ne voulut pas le heurter de front, & feignant de ne pas ſçavoir ſes projets, il s'y prit avec fineſſe. Il ſçavoit qu'il eſt très-difficile de déſabuſer un amant prévenu par le manége d'une femme adroite : mais, continua-t-il, j'eſpere que vous ne penſez pas ſérieuſement à cette trompeuſe. Mon frere, reprit le Marquis d'un ton animé, n'allez pas faire ici comme avec Mademoiſelle Lovel ; je vous laiſſe tranquille dans vos amours ; faites de même & ne vous mêlez point des miennes. Je n'ai point envie, répliqua le Chevalier, de troubler vos plaiſirs ; & vous ſçavez ce que je vous ai dit cent fois de cette Demoiſelle ; elle peut faire une fort jolie maîtreſſe ; tout, juſqu'à ſes méchancetés, peut avoir quelque choſe de piquant dans un commerce de galanterie ; mais il n'en feroit pas de même, si vous pensiez à elle sérieusement. J'ai des raisons particulieres pour juger que, si vous aviez le malheur de vous associer une semblable femme, vous ne tarderiez pas à en mourir de douleur.

Pendant tout ce discours, le Marquis se promenoit à grand pas & avec une extrême agitation : vous avez, dit-il, des raisons particulieres de la soupçonner de fausseté & de mauvaise conduite ? Cela me paroît fort & très-fort. Puis s'arrêtant un moment : mais non, continua-t-il, c'est Mademoiselle Lovel qui est fausse & qui la hait ; Mademoiselle de Prémur me l'a dit plus de cent fois. Le Chevalier se vit dans la nécessité de quitter les intérêts de son frere pour défendre ceux de son amante. Si vous etiez de sang-froid, reprit-il, je vous ferois sentir que Mademoiselle Lovel n'est l'ennemie de

Mademoiſelle de Prémur, que parce que celle-ci a fait tout ce qu'elle a pû pour lui nuire ; & je vous convaincrois même par des preuves, que vous n'êtes point aimé, & qu'elle vous ſacrifieroit cent fois à un autre, ſi cet autre vous étoit moins attaché, ou plutôt s'il n'avoit pour elle un ſouverain mépris. Quel eſt cet autre, demanda le Marquis d'un ton furieux ? Moi, répliqua le Chevalier. Le Marquis s'arrêta à ces mots, d'un air interdit. Vous encore, ajoûta-t-il ? Je vous trouverai donc toujours en concurrence ; parbleu ! cela eſt auſſi trop fort ; & ſi vous ne me faiſiez pas voir ce que vous avancez, je ne le paſſerois pas auſſi légèrement que la premiere fois. Soyez diſcret, reprit le Chevalier, & je me ſoumettrai à votre reſſentiment, ſi avant huit jours je ne vous fournis pas des preuves de la mauvaiſe foi de Mademoiſelle de Prémur. Le Marquis faiſoit voir par ſon agitation ce qui se passoit dans son cœur ; quelquefois il regardoit son frere, dans d'autres momens il parloit entre ses lèvres ; enfin jamais homme n'avoit marqué plus de regret & d'incertitude ; il sembloit se repentir sincérement de s'être attaché à une femme si peu honnête ; car il étoit à demi persuadé, quoiqu'il ne voulût pas en convenir : ce n'étoit pas assez ; il falloit le convaincre : c'est à quoi le Chevalier travailla dès le lendemain, le laissant livré à ses réflexions.

S'il est cruel de renoncer à un objet sur lequel on a placé ses plus tendres affections, il est bien humiliant d'en avoir été trompé, après lui avoir sacrifié les plus grands intérêts. J'entends le ressentiment de la Marquise de M.., qui pouvoit priver son fils de tous les avantages de la fortune. Mademoiselle de Prémur n'attendoit rien de ses parens ; mais une fille de condition, belle & honnête, pouvoit prétendre au Marquis de M.., avec de la beauté & de la vertu. Le caractere & la mauvaise conduite firent manquer ce premier établissement à Mademoiselle de Prémur. Le pernicieux usage des mariages disproportionnés n'étoit pas encore établi ; & la noblesse s'étoit garantie jusqu'à ce jour, de s'allier à la finance, encore plus d'épouser des filles d'une réputation équivoque.

Le lendemain le Chevalier arriva d'assez bonne heure à Prémur, parce qu'il vouloit entretenir Mademoiselle Lovel, sans être interrompu ; il lui fit part de la conversation qu'il avoit eue avec son frere, & de ce qu'il avoit imaginé pour le détromper, sur Mademoiselle de Prémur. Il faut, ajoûta-t-il, m'aider à le convaincre de la fausseté de cette fille ; il l'aime éperduement ; il se croit aimé : il n'y a que la persuasion du contraire qui puisse le guérir d'une paſſion funeſte à ſon repos & capable de le conduire à une démarche que nous avons raiſon d'appréhender ; ainſi, ma charmante amie, vous me permettrez d'avoir avec Mademoiſelle de Prémur, une converſation dans le jardin ; j'y ferai trouver mon frere, & je le placerai à portée de nous entendre ; je compte qu'elle m'en dira aſſez pour le déſabuſer. Mademoiſelle Lovel fit quelques difficultés de ſe prêter à cette trahiſon ; le Curé arriva fort à propos pour la déterminer.

L'on convint d'engager Mademoiſelle de Prémur à dîner, quelques jours après, chez le Curé ; le Chevalier avertit ſon frere de ſe trouver à une heure indiquée dans le jardin, & d'y entrer par une porte de derriere qui donnoit ſur la campagne. Le Marquis ſuivit le conſeil du Chevalier ; il ſe plaça derriere des charmilles, d'où il pouvoit aiſément entendre tout ce qui ſe diſoit dans le boſquet. Son inquiétude étoit extrême ; il eſpéroit que ſon frere lui en avoit impoſé, ou qu'il s'étoit laiſſé tromper lui-même par les apparences, qu'il convenoit être contre ſa maitreſſe. D'un autre côté, le Chevalier n'étoit pas bien sûr que ſon frere ſe trouvât au rendez-vous, malgré ſa promeſſe. Il avoit revu Mademoiſelle de Prémur, & étoit revenu d'auprès d'elle avec un noir chagrin, dont lui-même avoit reſſenti les effets. Cependant après le diner il conduiſit ſans affectation Mademoiſelle de Prémur dans le jardin. Comme ſon deſſein étoit d'avoir avec elle une converſation vive, il avoit répondu moins ſérieuſement à ſes agaçeries, & il n'eut point de peine à lui faire reprendre le ton qu'il deſiroit ; le Curé les laiſſa, & Mademoiſelle Lovel ſe retira auſſi ſous quelques prétextes.

La converſation fut d'abord indifférente ; mais Mademoiselle de Prémur ne fut pas long-tems modérée ; elle commença par reprocher au Chevalier son attachement & sa constance pour Mademoiselle Lovel. Cessez, lui dit-il, de me faire la guerre sur un choix qui me fait honneur ; parlons plutot de vos amours avec mon frere ; il est aimable ; vous l'aimez sans doute ; & quoiqu'il ne soit pas le maître de disposer de sa main à présent, si vous aviez des bontés pour lui, vous pourriez le conduire un jour à vous épouser. Comment le conduire, dit-elle ? Vous êtes singulier ! je prétends qu'il m'épouse, ou je ne veux rien de lui. Il ne se flatte pas, je crois, de m'inspirer des sentimens assez vifs pour me faire donner dans quelque travers. Vous êtes bien rigoureuse, répliqua le Chevalier. Je ne fais aucun effort pour l'être avec lui, reprit Mademoiselle de Prémur. Vous ne l'aimez donc pas, demanda le Chevalier ? Quelle ſotte queſtion, répliqua-t-elle en hauſſant les épaules ! eſt ce qu'on eſt obligé d'aimer ſon mari ? Aſſurément, dit en ſouriant le Chevalier ; mon frere eſt aſſez bien fait, & il vous feroit une aſſez jolie fortune pour pouvoir eſpérer d'être aimé de vous. Ce que vous me dites, continua-t-elle, a peut-être de la raiſon ; je l'aurois ſans doute aimé, ſi... mais vous le ſçavez bien ; ſans cette indolente qui vous fait tourner la tête, vous n'auriez pas négligé un bonheur que votre frere ne croit pas trop acheter par le don de ſa main & de tout ce qu'il poſsède ; ſans doute que votre indifférence ou votre préoccupation me guérira d'un goût que je me ſuis ſenti d'abord pour vous ; & peut-être aimerai-je votre frere quand je vous haïrai. J'en ſuis perſuadé, répliqua le Chevalier ; excuſez ma confusion : je ne m'étois jamais flatté de vous avoir inspiré des sentimens qui font le malheur de mon frere, & d'être encore une fois son rival. Permettez que je vous dise, que me sachant engagé depuis quatre ans avec Mademoiselle Lovel, il n'étoit pas vrai-semblable que je rompisse mes engagemens pour m'attacher à vous ; cette réflexion devoit vous venir à l'esprit. Je vous ai cru d'abord le maître de votre cœur, reprit Mademoiselle de Prémur ; je me suis trompée; au reste vous ne seriez pas le premier qui eût changé pour prendre mieux ; car, en vérité, je crois sans me flatter valoir la préférence sur Mademoiselle Lovel. Vos charmes, pour qui vous aimera, répondit le Chevalier, seront incomparables ; mais ceux de Mademoiselle Lovel sont tout pour moi. Vous vous piquez d'une sotte fidélité, continua Mademoiselle de Prémur : peut-être vous fera-t-on changer d'opinion ; car vous vous consumez pour une perfide qui entretient un commerce de lettres avec Milord C.. à qui elle a donné une promesse de l'épouser.

Le Chevalier fut si frappé de ces paroles, que tout son sang se glaça. Etes-vous sûre de ce que vous dites, demanda le Chevalier en balbutiant ? Si certaine, reprit Mademoiselle de Prémur, que son frere compte sur ce mariage, & m'en a entretenu plus de cent fois, comme d'un évènement avantageux pour sa sœur : il seroit même fort facile de vous faire voir les lettres de ce Lord. Le Chevalier rêva un moment ; il se rappelloit d'avoir entendu parler souvent de Milord C.., par Mademoiselle Lovel : il avoit cependant peine à se persuader qu'elle entretînt ses espérances. Cette conduite ne s'accordoit pas avec cette candeur & cette vertu scrupuleuse qu'il ne pouvoit s'empêcher de respecter en elle, & qui faiſoient l'honneur de ſon choix ; il répondit à Mademoiſelle de Prémur que ce qu'elle venoit de lui dire méritoit des éclairciſſemens ; qu'il convenoit à la violence & à la conſtance de ſon amour de s'en expliquer avec Mademoiſelle Lovel, qui, étant revenue dans ce moment, fit changer la converſation.

Elle remarqua de l'altération ſur le viſage du Chevalier ; elle l'attribua à l'entretien qu'il venoit d'avoir. Qu'elle étoit loin de prévoir les chagrins qu'elle alloit eſſuyer ! Chagrins proportionnés à la tendreſſe & à la ſenſibilité de ſon cœur, & qu'elle avoit en quelque ſorte mérités par ſa réſerve avec un amant qui ne vivoit que pour elle. Il étoit ſi cruellement déchiré, qu'il ne put réſiſter plus long-tems à ſon inquiétude. Il ſortit du boſquet, & trouva ſon frere ſur le point d'y entrer. Eh bien ! lui dit il, voilà deux femmes qu'on peut mettre enſemble ; & votre divine Lovel vous en faiſoit accroire auſſi-bien que Mademoiſelle de Prémur m'en impoſoit. Croyez moi, agiſſons de même; remontons ſur nos chevaux, & nous éloignons d'ici promptement, pour n'y revenir jamais. Le Chevalier héſitoit à prendre ce parti, quand les Demoiſelles parurent. Mademoiſelle de Prémur ne concevoit rien à la préſence du Marquis, qui ne la laiſſa pas long-tems dans l'incertitude. Je rends grace à mon frere, lui dit-il, de m'avoir déſ-abuſé ſur votre compte; & je viens d'entendre de quoi me guérir toute ma vie de la confiance que j'avois aux femmes.

Mademoiſelle de Prémur ſentit auſſi-tôt de quoi il étoit queſtion, & la trahiſon qu'on lui avoit faite : prenant donc ſon parti ſur le champ, elle ſe mit à rire de toutes ſes forces. L'aventure eſt plaiſante, dit-elle, en s'adreſſant au Marquis; me voilà débarraſſée de vos perſécutions ; en même tems elle ſalua les deux freres, & elle s'en alla. Elle rencontra le Curé, à qui elle lança un regard furieux, & le menaça de le faire repentir du tour cruel qu'on venoit de lui jouer, & auquel elle étoit perſuadée qu'il avoit une bonne part.

Jamais ſurpriſe ne fut ſemblable à celle des deux freres ; le Marquis ſurtout étoit confondu de la légèreté dont Mademoiſelle de Prémur venoit de prendre cette aventure ; il lui trouvoit une préſence d'eſprit qui l'humilioit cruellement. Il étoit accablé de ces réflexions, lorſque ſon frere, dont l'état n'étoit pas plus tranquille, le fit reſſouvenir qu'il étoit tard, & qu'ils avoient cinq lieues à faire. Mademoiſelle Lovel ne pouvant avoir aucune explication avec le Chevalier, le vit partir avec un mortel chagrin. Ne ſachant qu'imaginer de l'air froid & triſte de ſon amant, elle redoutoit les artifices de Mademoifelle de Prémur ; & toute la confiance qu'elle avoit en lui, ne la tranquillifoit pas : quels regards, fe difoit-elle, quelle froideur ! Qu'ai-je fait ? Quel fupplice ! fi l'on tire d'une paffion tendre les plus grands plaifirs, il eft des momens où ils font achetés bien cher.

Tout le poids de l'indignation de Mademoifelle de Prémur tomba fur le Curé. Elle l'accufa de s'être prêté au tour fanglant du Chevalier. Il fut le feul qui porta d'abord le fardeau de cette aventure ; il joignit fa fœur les yeux gros de larmes, & lui reprocha de l'avoir engagé dans une trahifon qui lui feroit perdre pour jamais les bonnes graces de Mademoifelle de Prémur. Mademoifelle Lovel connut alors tout l'afcendant que cette fille avoit pris fur fon frere ; elle en foupira & oublia pour quelques inftans fes propres peines pour fonger aux fuites d'un pareil entêtement.

Le Curé n'eut pas plutôt quitté ſa ſœur, qu'il courut au château eſſuier les fureurs d'une femme irritée, qui ne connoiſſoit aucune modération, & dont il préféroit cependant les injures à ſon abſence. Il la trouva outrée de dépit ; il ſe crut trop heureux qu'elle ne le chaſsât pas d'auprès d'elle. Il rejetta le tout humblement ſur ſa ſœur & le Chevalier, & aſſura qu'il ignoroit leurs intentions, quoiqu'il les ſçût très-parfaitement : mais un menſonge de plus ne coûte rien à un homme qui ſe laiſſe dominer par un coupable penchant.

Je veux croire ce que vous dites, répliqua Mademoiſelle de Prémur : mais il faut que vous entriez dans la vengeance que je dois tirer d'une trahiſon qui me fait perdre mon établiſſement & ma fortune ; je l'exige comme une preuve que vous n'êtes pas réellement coupable. Le Curé frémit à ce discours, & lui demanda ce qu'elle exigeoit de lui. Le sacrifice que je demande, reprit Mademoiselle de Prémur, n'est pas facile : mais si vous m'aimez, songez que je ne vous pardonnerai qu'à ce prix. Le Curé l'ayant pressée de lui dire ce que c'étoit, elle lui répondit qu'il falloit qu'il se séparât de sa sœur, & qu'elle rentrât dans le Couvent dont il l'avoit fait sortir. Le Curé, étourdi de la proposition, demanda jusqu'au lendemain pour y songer, & le cœur gros de soupirs, alla se renfermer dans sa chambre pour rêver à ce qu'il y avoit à faire.

Le devoir, un reste de vertu, l'amitié livrerent un combat cruel à Monsieur Lovel ; le plus fort l'emporta, & l'amour triompha de toute sa prudence. Ce qui l'embarrassoit le plus, étoit d'annoncer cette triste nouvelle à sa sœur. Quel prétexte donner à une pareille résolution ? Quelle raison pour ſe ſéparer d'une ſœur aimable, ſon amie, ſa compagne? A qui encore faiſoit-il ce ſacrifice? A une femme dangereuſe, à qui il ne devoit rien, pas même des égards après une ſemblable propoſition : mais cette femme étoit belle, & il la préféra depuis à ſon repos, à ſa réputation, à ſon honneur enfin.

Il demeura toute la ſoirée dans la plus grande perplexité; il parut au ſouper triſte & rêveur. Mademoiſelle Lovel qui avoit l'eſprit occupé du départ froid & précipité du Chevalier, ne lui fit aucunes queſtions, attribuant le chagrin qu'elle lui remarquoit, à l'explication qu'il devoit avoir eue avec Mademoiſelle de Prémur. Elle ſe retira dans ſa chambre & paſſa la moitié de la nuit à écrire au Chevalier, pour ſe plaindre de la façon bruſque dont il l'avoit quittée. C'étoit la premiere fois qu'elle s'expliquoit ſans y être obligée.

Elle avoit tant souffert, lorsqu'elle s'étoit imaginée que le Chevalier étoit inconstant, qu'elle commençoit à se corriger de l'habitude de renfermer ses secrets en elle-même.

Ses réflexions la tinrent éveillée toute la nuit ; elle étoit à peine endormie, lorsque l'on vint frapper à sa porte. Elle se leva & fut fort surprise de voir son frere à cette heure, qui, d'un air embarrassé, s'excusa de ce qu'il la réveilloit si matin. Elle lui en demanda le sujet. Je n'ose vous le dire, ma sœur, répliqua le Curé : mais si je vous suis cher, si vous avez pitié d'un frere qui vous a toujours aimée, consentez de bonne grace à ce que j'ai à vous proposer. J'ai dit à Mademoiselle de Prémur que je n'avois aucune part à l'aventure d'hier ; sa colere est extrême contre vous, & rien ne peut l'appaiser que notre séparation ; c'est à ce prix qu'elle me souffre encore. Que signifie ce langage, demanda Mademoiselle Lovel? Il faut, reprit le Curé en hésitant, retourner au Couvent, au moins pour quelque tems; ne croyez pas, ajoûta-t-il, que je me fusse déterminé à cette séparation, si une lettre de l'Evêque d'A.. que j'ai reçue il y a quelques jours, (& dont je n'ai pas voulu vous parler) ne m'y engageoit pour vos intérêts & les miens; voyez vous-même ce qu'il m'écrit. En disant cela, il tira une lettre de sa poche, qu'il lui donna.

Le Prêlat, inquiet des visites & des fréquens voyages des deux freres à Prémur, faisoit de grands reproches au Curé, de ce qu'il se prêtoit au commerce galant de sa sœur. La Marquise de M.. apparemment lui avoit insinué des doutes sur la conduite de cette Demoiselle. Le Curé, profitant de sa surprise, dit qu'il falloit, par sa promptitude à se retirer au Couvent, effacer les fausses préventions qu'on avoit données à l'Evêque, & le mettre à couvert du soupçon de favoriser les amours du Chevalier.

Mademoiselle Lovel avoit été si étonnée du discours de son frere, qu'elle le laissa parler tant qu'il voulut; ses larmes couloient en abondance; il en fut touché. Ha! restez, lui dit-il; quoiqu'il m'en coûte, vous ne partirez point. Non, mon frere, reprit Mademoiselle Lovel, le ressentiment de votre supérieur & de Mademoiselle de Prémur sont trop de conséquence pour vous: à Dieu ne plaise que j'aie à me reprocher un jour d'avoir nui à votre fortune ou à votre bonheur: je croyois passer mes jours avec vous dans un calme profond; le cœur du Chevalier de M.. & votre amitié étoient les seuls biens que je desirois; j'étois heureuse. Que ce tems a peu duré! Mais notre séparation, quelque douloureuse qu'elle ſoit, n'eſt peut-être pas ce que j'ai le plus à redouter.

Il n'oſa lui dire que Mademoiſelle de Prémur avoit exigé qu'elle retournât en Normandie dans le Couvent qu'elle avoit quitté ; il lui laiſſa la liberté de choiſir dans les environs. Le plus proche ſera le mieux, lui dit-elle ; je tâcherai d'y vivre de maniere à ne vous être point à charge : voyez la ſupérieure dès demain : quand vous aurez réglé avec elle, je m'y rendrai. Le Curé, ſatisfait d'avoir réuſſi auſſi facilement, baiſa tendrement les mains de ſa ſœur, lui dit qu'il n'oublieroit jamais ce qu'elle faiſoit pour ſa tranquillité, & alla trouver la Supérieure d'un Couvent à trois lieues de Prémur, où il arrêta ſa penſion, & ordonna qu'on préparât tout pour la recevoir le troiſième jour.

Mademoiſelle Lovel s'étoit flattée que le Chevalier viendroit avant ſon départ; mais il ne parut que le jour qu'elle devoit ſe rendre au Couvent. Sur la lettre qu'elle lui avoit écrite, il étoit parti de M.. de bon matin, & il arriva à Prémur, ne ſachant rien du nouveau contre-tems ſurvenu à Mademoiſelle Lovel. Son air & ſon abattement lui apprirent les chagrins qu'elle reſſentoit ; il étoit lui-même ſi changé, qu'elle en oublia ſes peines pour quelques inſtans. Me voilà encore, lui dit-elle, obligée à changer de demeure ; cette terrible fille me fait porter tout le poids de ſon reſſentiment : mais j'ai voulu vous ſervir, & je ne me repens pas de m'être prêtée à une circonſtance qui, en détrompant votre frere, l'a empêché de ſe déshonorer. Alors elle lui expliqua les fureurs de Mademoiſelle de Prémur, ce qu'elle avoit exigé du Curé, ce qu'il lui avoit dit, & ne lui cacha rien, pas même la lettre de l'Evêque, dont le Chevalier demeura interdit, ne doutant pas que ſa mere n'en n'en fût l'unique cauſe. Ha ! c'en eſt trop, s'écria le Chevalier, en ſe jettant aux genoux de Mademoiſelle Lovel, j'ai pû vous ſoupçonner, & je vous donne les plus mortels chagrins ; j'ai pû former le deſſein de vous oublier, quand vous ſouffrez pour moi, quand on vous perſécute pour l'amour de moi. Ha ! je ne puis trop me punir de vous avoir fait une telle injuſtice : mais je m'en vais réparer tous mes torts & le mal que je vous ai fait, par un amour auſſi vif que conſtant. Il lui fit enſuite l'aveu ſincere des confidences que Mademoiſelle de Prémur lui avoit faites touchant Milord C.., & la croyance qu'il y avoit miſe.

A force de ſentir, les facultés de l'ame ſont ſuſpendues ; mille idées ſe préſentoient en foule à l'eſprit de Mademoiſelle Lovel : mais ce ſentiment délicat en elle, ne lui laiſſoit la liberté d'en exprimer aucunes ; ſes yeux ſeuls la ſervoient ; ſon amour, ſon étonnement, ſa joie, ſon innocence, tout s'y peignoit d'une façon ſi vraie, que le Chevalier en fut pénétré. Vous ne me répondez point, digne & charmante amie, lui dit-il. Pourquoi m'avez-vous caché les recherches de Milord C..? Pourquoi lui avez-vous donné des eſpérances qui ne ſont faites que pour votre amant? Penſiez-vous que je ne fuſſe pas jaloux des moindres faveurs que vous accordez à un autre? Il m'eſt ſi aiſé, reprit Mademoiſelle Lovel de me juſtifier, que je ne chercherai point à m'excuſer d'écrire quelquefois à Milord : il m'aime, il m'a demandée à mon pere, qui, en mourant, m'a ordonné de le regarder comme un époux qu'il me donnoit de ſa main ; voilà tout ce qui le concerne... Mais comment vous juſtifierez-vous, demanda le Chevalier, du myſtère que vous m'avez fait? Je ne prétends pas, lui répondit Mademoiſelle Lovel, m'excuſer de cette réſerve que je croyois néceſſaire à votre tranquillité ; c'eſt vous ſeul qui avez été cauſe de cette faute & du refus que j'ai fait de la main de Milord C.. ; & ſi je ne lui ai pas, dans le tems, ôté toute eſpérance, c'eſt que je doutois encore de la ſincérité de vos ſentimens, & je ne comptois pas ſur votre conſtance : mais maintenant Milord eſt ſi peu perſuadé de ma tendreſſe, qu'il ne m'en parle plus dans ſes lettres. Le Chevalier, convaincu de l'innocence de ſa maîtreſſe, ne ſongea qu'à lui faire oublier par ſes tranſports & par l'excès de ſon amour, les cruels momens qu'elle avoit paſſés depuis quelques jours.

Ces ſortes d'explications ſont délicieuſes entre des amans auſſi paſſionnés ; ils ne penſoient plus à tout ce qui pouvoit troubler le plaiſir qu'ils reſſentoient. Ces momens étoient précieux ; le Curé les avoit laiſſé libres, pour aller inſtruire Mademoiſelle de

Prémur, du départ de sa sœur. Quelle différence de sa situation à celle du Chevalier! Il étoit cependant animé par le même sentiment; le bonheur dépend de l'objet auquel on est fixé: comment peut-on conserver un amour qui n'est pas partagé, ou qui couvre de confusion celui qui le ressent? La honte ne peut être la compagne du bonheur; on ne peut être heureux que quand la vanité est satisfaite dans tous ses points. L'infortuné Lovel paya bien cher quelque félicité momentanée, & sans doute légere.

Après le dîner, le Chevalier conduisit Mademoiselle Lovel une partie du chemin, & s'en retourna à M.. fort satisfait de cette explication. Le Curé remit sa sœur entre les mains de la Supérieure du Couvent, & revint seul à Prémur avec un noir chagrin dans le cœur. Quant à Mademoiselle Lovel, elle n'avoit plus aucune trace de triſteſſe ; ſon ame éprouvoit cette douce tranquillité qui ſuit d'ordinaire une vive & tendre agitation. Contente de ſon amant, déterminée à ne vivre que pour lui, & à lui ſacrifier tout intérêt qui n'auroit pas rapport à lui, elle étoit perſuadée que ſon bonheur ſeroit inaltérable dans la retraite qu'elle alloit habiter.

Plus proche du Chevalier de deux lieues, il y faiſoit de fréquents voyages ; bientôt la préſence de cet amant, qu'elle voyoit avec liberté, lui fit oublier ſon ſéjour à Prémur : tout lui rendit la vie du couvent préférable à celle qu'elle avoit menée chez ſon frere. Son amour étoit ſi pur & ſi déſintéreſſé que, pourvû qu'elle fût certaine de poſſéder le cœur de ſon objet, elle étoit ſatisfaite ; toute entiere à ſa tendreſſe, ſon ame ſeule éprouvoit des ſenſations qu'elle ne devoit qu'à la délicateſſe & à la douceur de ſon caractere. Peu de gens comprendront cette façon d'aimer, parce que peu de gens ſont faits pour la connoître.

On ne manqua pas de faire mille hiſtoires ſur le compte des deux freres, qu'on diſoit s'être battus pour elle. On ajoûta que le Curé avoit été obligé de la mettre au couvent par ordre de l'Evêque : ces bruits affligerent d'autant plus Mademoiſelle Lovel, qu'elle ne pouvoit détromper le public, qu'en développant des myſteres capables de faire tort à la réputation d'un frere qui lui étoit encore cher. Sa demeure au couvent donna même du crédit à tous ces propos ; c'eſt ainſi que l'on juge ſouvent de la conduite des femmes dont tout le crime eſt quelquefois d'être aimables & malheureuſes.

Les aſſiduités du Chevalier à la grille acheverent de confirmer tous ces diſcours. Le Marquis même y allant quelquefois, on ne manqua pas de croire que cette rivalité auroit les plus funeſtes ſuites ; cependant on s'accoutuma à voir les deux freres & l'on commença à penſer différemment de la conduite de Mademoiſelle Lovel ; toute la communauté en rendoit le témoignage le plus favorable, & bientôt on n'en parla plus.

Après le départ de Mademoiſelle Lovel, Meſſieurs de M.. ne venant plus à Prémur, Mademoiſelle de Prémur ſe trouva ſans amants & ſans occaſions d'exercer ſa méchanceté ; ſon éducation la laiſſant ſans aucunes reſſources, elle ſe vit plongée dans l'ennui & le déſœuvrement : il ne lui reſta que de la mauvaiſe humeur qui tomboit ſur le Curé, l'envie de nuire & une jalouſie furieuſe contre Mademoiſelle Lovel ; le Curé profita ſans doute de ſa ſolitude pour s'inſinuer dans ſa confiance ; bientôt après il en fut inséparable. Sa qualité de Pasteur lui donnoit bien des facilités : Madame de Prémur l'aimoit, & le Baron qui s'étoit mis à boire, depuis qu'il ne pouvoit plus chasser & qu'il avoit la goutte, laissoit sa fille des journées entiéres avec l'abbé, sous prétexte qu'il lui montroit le Latin, & pourvû qu'il vînt le soir boire avec lui, & jouer quelques parties de piquet, il s'embarrassoit peu de ce qu'il enseignoit à Mademoiselle de Prémur.

Ceux qui ont quelque connoissance de la Noblesse de campagne, avoueront que le Baron vivoit assez comme la plûpart des Gentilshommes, heureux quand leurs Curés ont quelque éducation & que les Dames ont d'autres ressources. Mademoiselle de Prémur, à qui il ne restoit que l'Abbé, le pervertit absolument : il cessa d'aller voir sa sœur & de lui porter ses lettres ; aux plaintes tendres qu'elle lui en fit, il ne lui répondit que par de mauvaiſes raiſons qui ne ſervirent qu'à confirmer Mademoiſelle Lovel que ſon frere étoit perdu ſans reſſource.

Mademoiſelle de Prémur, furieuſe de la conſtance du Chevalier, réſolut de tenter un dernier effort pour brouiller ces amans. Elle n'en vit pas de meilleur moyen que de faire venir Milord C.. Elle engagea le Curé à lui écrire que Mademoiſelle Lovel étoit retournée au couvent, parce qu'il lui avoit repreſenté qu'elle ne devoit pas ſouffrir les aſſiduités d'un jeune gentilhomme pour qui elle paroiſſoit ſe déclarer; que ſa préſence ſeule pouvoit contrebalancer cette inclination naiſſante, & la faire reſſouvenir de ſes engagemens avec lui.

Cette lettre fit tout l'effet que Mademoiſelle de Prémur en avoit attendu. Milord repaſſa en France auſſi-tôt, & vola chez l'Abbé Lovel pour ſçavoir des détails qui l'intéressoient si fort : il en fut reçu comme un homme de sa qualité, qui devoit procurer à sa famille les plus grands avantages.

Mademoiselle de Prémur le vit & voulut profiter de ses allarmes pour lui conseiller d'enlever Mademoiselle Lovel. Milord étoit un honnête-homme & ennemi de toute violence ; au dessus de quarante ans, il avoit passé l'âge où les passions gouvernent. Deux ans de voyages lui avoient rendu l'absence de Mademoiselle Lovel supportable ; il trouva le conseil de Mademoiselle de Prémur très-dangereux & la personne qui le lui donnoit fort extraordinaire. Ainsi la regardant avec application : quel intérêt prenez-vous, lui dit-il, à Mademoiselle Lovel ? Celui de l'amitié que j'ai pour son frere, reprit Mademoiselle de Prémur : sa conduite lui donne de l'inquiétude, & il voudroit la voir loin des occasions qu'il appréhende. Voilà, continua Milord en secouant la tête, un intérêt bien vif : mais vous qui me conseillez d'user de violence avec une fille de condition, trouveriez-vous bien qu'on vous enlevât des bras de vos parens pour vous mener dans un Pays étranger ? Moi, répliqua Mademoiselle de Prémur étourdie de cette question ! je ne suis pas dans le cas de Mademoiselle Lovel, qui vous amuse par des espérances, pendant qu'elle en voit assiduement un autre. Si elle en aime un autre, reprit Milord, en la contraignant de m'épouser, elle ne l'en aimera que davantage & me haïra ; je la connois, je la ferai plutôt revenir à moi en lui rappellant ses engagemens & les volontés de son pere, que par une violence dont je suis incapable & qui nous rendroit malheureux l'un & l'autre.

Le Curé étoit présent & gardoit un profond silence ; il n'osoit approuver

Milord dans ſes diſcours prudens, de crainte de déplaire à ſa ſouveraine, qui marquoit par ſa contenance l'impatience où elle étoit de voir finir cet entretien : mais Milord avoit ſes inſtructions à prendre, avant de ſe déterminer à ſuivre un parti.

Il demanda au Curé ſi ſa ſœur connoiſſoit l'amant dont on parloit avant lui, & comment il s'appelloit ? Le Curé répondit ſans héſiter qu'il ſe nommoit le Chevalier de M. ; que Mademoiſelle Lovel le connoiſſoit long-tems avant d'aller en Normandie, & qu'il y avoit cinq ans qu'elle en étoit aimée. Milord rêva un moment. Cette connoiſſance, dit-il, eſt antérieure à la mienne: ſans doute qu'elle n'a eu pour lui aucun retour ou qu'elle étoit privée de toute eſpérance, puiſqu'elle m'avoit permis de faire des démarches auprès de ſon pere. Pour du retour, continua Mademoiſelle de Prémur, je vous réponds qu'elle l'aimoit & que la Marquiſe de M.. ne l'éloigna d'auprès d'elle que parce qu'elle la ſurprit tête-à-tête avec ſon fils. Je pourrois croire, reprit Milord indigné, que Mademoiſelle Lovel ait ſenti de l'inclination pour un jeune homme aimable & reſpectueux : mais je ſuis perſuadé que ſes tête-à-têtes ont été auſſi innocents que votre inſinuation eſt maligne. Vous me ſemblez, ajoûta-t-il, trop animée contre elle pour ne pas ſoupçonner quelque myſtere dont je m'éclaircirai. Il n'y a pas de femmes qui, en liſant ce trait, ne s'écrient contre le caractere de Mademoiſelle de Prémur : mais je crois encore plus qu'il y en aura beaucoup qui s'y reconnoîtront.

Mademoiſelle de Prémur trouva le ton de Milord un peu bruſque & même impoli. Elle étoit fiere, impérieuſe & violente ; cependant la dignité que Milord mettoit dans ſes diſcours &

dans ſon air lui en avoit impoſé d'abord : mais ſa hardieſſe naturelle triompha. Je ne ſçais point, dit-elle, donner des interprétations malignes ; mais je trouve fort mauvais qu'un étranger vienne de Londres pour parler à une fille de qualité avec le ton que vous avez pris ; ſi les Angloiſes s'accommodent de la cauſticité, les Dames françoiſes ne veulent pas la ſouffrir. Auſſi ne m'en ſervirois-je pas avec toutes, répondit Milord dédaigneuſement. J'ai jugé de votre bon ſens, reprit Mademoiſelle de Prémur, ſur ce que j'ai entendu dire des gens de votre Nation ; mais je vois bien que je me ſuis trompée : ſe levant enſuite elle fit une révérence au Curé & s'en alla outrée de dépit. Elle devoit ſe corriger de vouloir détruire Mademoiſelle Lovel : les tentatives qu'elle avoit faites juſqu'alors lui avoient bien mal réuſſi : mais les perſonnes bornées ou de peu d'expérience, ne ſentent pas que le mérite triomphe tôt ou tard des fauſſes préventions qu'on veut élever contre lui.

Milord avoit pris de Mademoiſelle de Prémur une idée ſi fâcheuſe, qu'il ne put ſe contraindre plus long-tems. Il alla dans le jardin pour donner le tems au Curé de la reconduire ; mais comme il étoit fatigué d'avoir fait douze lieues ce jour-là, il remit au lendemain à s'expliquer avec lui ſur le chapitre de cette fille, & le pria de lui faire donner à ſouper & préparer ſon lit.

Le Curé craignoit les queſtions de Milord ; il ſentoit que Mademoiſelle de Prémur l'avoit embarqué dans une fauſſe démarche, dont il auroit de la peine à ſe tirer. Il avoit affaire à un homme d'eſprit dont la pénétration pouvoit approfondir des myſteres dont il rougiſſoit, quoiqu'il y attachât tout ſon bonheur. Quelle fatalité ! qu'un homme laiſſe prendre ſur lui quelque aſcendant par une femme de mérite, cela ne peut tourner qu'à ſa gloire : mais le comble de l'ignominie eſt de ſe laiſſer ſubjuguer par une femme mépriſable.

Milord s'étant levé de grand matin, alla trouver le Curé dans le jardin. Monſieur, lui dit-il, j'eſpere que nous ſerons libres aujourd'hui de nous entretenir ; j'ai beaucoup de choſes à vous dire ; pourquoi cette perſonne que je vis hier ici ſe mêle-t-elle des affaires de votre famille & parle-t-elle ſi mal de votre ſœur ? Monſieur, reprit le Curé, ma ſœur a fait manquer à cette Demoiſelle un établiſſement conſidérable ; elle a peine à lui pardonner un chagrin auſſi ſenſible. Voilà une excuſe quant à votre ſœur, continua Milord : mais quelle raiſon avez-vous de ſouffrir qu'elle parle librement de vos affaires de famille ? Que lui importe que j'enleve votre sœur ou que je l'épouse? Le Curé baissa les yeux sans pouvoir se justifier de sa lâche complaisance ; il se retrancha sur les égards qu'il devoit à la fille du Seigneur de sa Paroisse.

Milord ne fut point la dupe de l'aventure ; il entrevit le coupable penchant du Curé : & le regardant fixement ; elle vous menera loin, lui dit-il, & votre sœur vous eût préservé de beaucoup de chagrins que je vous annonce, si vous vous conduisez par les conseils de cette dangereuse fille. Proposer un enlevement, reprenoit-il... Quelle imprudence ! Elle est jeune, repliqua le Curé, elle ne voit pas les conséquences d'une pareille démarche. Cela se peut, répondit Milord ; mais elle doit sçavoir qu'elle est indécente & violente, & par cette raison seule, avoir honte de l'imaginer. Devriez-vous l'excuser, continua-t-il ? Mais vous l'aimez plus qu'il ne convient à un homme de votre caractere.

Monſieur Lovel fut frappé de ces paroles, comme d'un coup de foudre. Prenant cependant ſon parti, il répondit à Milord fiérement qu'il portoit ſes conjectures trop loin, qu'il faiſoit ſon devoir, & qu'il lui paroiſſoit ſingulier, qu'après l'avoir reçu comme un frere, il le traitât avec ſi peu d'égards. Monſieur, dit Milord en ſe levant & appellant ſes valets, je crois que ma préſence vous importune : il y a ſans doute dans ce lieu un cabaret où je pourrai dîner ; adieu.

Monſieur Lovel ſe repentit du ton qu'il avoit pris. Quelques inſtances qu'il fît pour l'engager à reſter juſqu'au lendemain, ſe propoſant de le conduire au Couvent de ſa ſœur : Milord n'en voulut rien faire. Il ſortit de la maiſon, & même du lieu, alla juſqu'au prochain village où il dîna, & ſe rendit après au Couvent de Mademoiſelle Lovel. Il ne voulut pas dire ſon nom à la Touriere, ſe préſentant comme un étranger qui lui apportoit des nouvelles de Londres. Mademoiſelle Lovel vint au Parloir, perſuadée que c'étoit quelqu'Anglois qu'elle avoit vu pendant ſon ſéjour à Caen.

Quelle fut ſa ſurpriſe & ſon trouble à la vue de Milord : ſon embarras ne l'empêcha pas de le recevoir avec l'amitié & la reconnoiſſance qu'il méritoit. Après les premiers complimens : j'ai d'étranges choſes à vous apprendre, lui dit-il ; je viens de voir des gens qui vous trouvent trop près à quelques lieues de diſtance. Je ne vous demande pas, répliqua Mademoiſelle Lovel, qui ſont ces perſonnes ; je deſirerois pouvoir les ignorer. J'arrivai hier, reprit Milord, ſur une lettre de votre frere ; je trouvai chez lui une grande perſonne aſſez bien faite, dont la physionomie me prévint d'abord en sa faveur ; mais j'ai changé bientôt d'opinion. Si elle ne m'a point dit de mal de votre conduite, au moins m'en a-t-elle laissé penser. Elle m'a fait craindre de perdre votre amitié, & votre frere l'applaudissoit. Cette condescendance m'a déplu : je me suis retenu cependant, jusqu'à ce qu'elle m'eût parlé plus clairement, & m'eût conseillé de vous enlever. Etonné de l'entendre, & qu'un Prêtre Catholique l'approuvât dans des propositions de cette nature, j'ai dit franchement ce que je pensois à l'un & à l'autre. Elle s'en est courroucée, & votre frere aussi. J'ai cru ne devoir pas rester chez lui plus long-tems, & je suis venu m'éclaircir avec vous d'une conduite si extraordinaire, & des raisons qu'ils ont de vouloir vous éloigner par des moyens si violens. Voilà, dit Milord en lui donnant la lettre du Curé, ce que votre frere m'écrit, & ce qui m'a fait quitter l'Angleterre.

Mademoiselle Lovel prit en tremblant la lettre, & la lut avec un mortel chagrin : non qu'elle appréhendât de parler avec franchise à Milord ; elle s'étoit trop mal trouvée de ses réserves, pour en avoir jamais. Son inquiétude venoit d'une cause plus éloignée : elle voyoit son frere sur le bord du précipice. L'effort qu'elle faisoit pour cacher son trouble, les idées cruelles qui l'agitoient, la saisirent au point qu'elle tomba sans connoissance dans son fauteuil. Le flegme de Milord céda à la plus vive appréhension ; & tirant un cordon qu'il crut être d'une sonnette, il lui fit donner du secours. Une grille le séparoit de cette malheureuse Demoiselle ; il la recommanda à la Religieuse qui parut, la priant de lui rendre la lettre du Curé qui étoit tombée. Il ajoûta qu'il ne croyoit pas que la nouvelle qu'il apportoit, dût produire un tel accident : qu'il en étoit au désespoir, & qu'il reviendroit dans une heure en apprendre les suites.

Mademoiselle Lovel reprit ses sens quelques momens après. Ne voyant point Milord dans le Parloir, elle chercha la lettre de son frere ; il lui sembloit important qu'elle ne fût pas lue par d'autres ; elle en parut inquiette ; la Religieuse la rassura, en lui disant que la personne qui venoit de sortir se l'étoit fait rendre.

Milord revint comme il l'avoit promis : il demanda mille fois pardon à Mademoiselle Lovel de son imprudence. Ce que mon frere vous mande, lui dit-elle, n'est pas ce qui me fait de la peine, persuadée que, quand vous m'aurez entendue, vous ne me condamnerez pas ; mais je ne vois pas sans douleur son intelligence avec cette dangereuse femme. Hélas ! Milord, ajoûta-t-elle, cette liaiſon m'a déja cauſé les plus grands maux ; elle le conduira dans un abîme d'écarts & d'infortunes. Il eſt déja, reprit Milord, fort avant dans le précipice ; il aime cette créature juſqu'à l'excès, & ne ſe conduit que par elle. Les conſeils d'une méchante femme ſont le fléau de la ſociété ; mais un ſujet plus important pour moi m'amene ici : je compte autant ſur votre ſincérité que ſur votre vertu ; ſongez que je ne ſuis point dans ce moment un amant paſſionné, mais le meilleur de vos amis, votre pere enfin.

Mademoiſelle Lovel ſembloit héſiter ſur ce qu'elle avoit à répondre. Ne pouvant éviter une explication, elle rappella à Milord ſes engagemens avec lui. J'ai donné un entier conſentement, dit-elle, à mon union avec vous dans un tems où je pouvois diſpoſer de moi. Quoique j'euſſe connu le Chevalier de

M.. avant vous, & que mon inclination ſe fût déclarée pour lui, ne pouvant y prétendre, je me déterminai à ne plus le voir & à renoncer à ſon amour. C'eſt dans ce tems, Milord, que j'acceptai vos ſoins, & que je vous promis mon conſentement; je ne voyois que vous qui pût me faire oublier mes premiers ſentimens; j'eſpérois que votre mérite & les obligations que je vous avois, effaceroient un ſouvenir trop cher encore; mon devoir, votre repos, mon bonheur, le votre enfin, auroient produit l'effet que j'attendois. C'en eſt aſſez, interrompit Milord attendri, jamais je n'ai pu vous ſoupçonner d'un procédé indigne de vous & de moi. Vous êtes une charmante fille; heureux l'époux qui vous obtiendra de vous-même! Je ſuis toujours diſpoſé à le devenir, mais promettez-moi, (& je l'exige de vous,) que vous n'aurez jamais de liaiſon avec votre déteſtable

frere:

frere : j'ai de lui des idées qui ne me promettent rien de bon. Je ne puis, ni ne dois souffrir de pareilles conjectures, reprit Mademoiselle Lovel ; permettez que je réfléchisse quelque tems sur la situation de mon cœur, que je l'interroge sur ses sentimens pour le Chevalier, avant de vous répondre positivement. Je ne puis trop prendre de mesures ; il y va de trop grands intérêts pour vous & pour moi. Milord auroit bien voulu lui trouver moins d'incertitudes ; elles ne lui sembloient pas favorables pour lui. Après un entretien très-long & très-doux, Milord laissa Mademoiselle Lovel, lui promettant de revenir le lendemain.

Il y avoit quelques jours qu'il étoit à B.. lorsque le Chevalier y vint. Mademoiselle Lovel lui raconta tout ce qui s'étoit passé depuis qu'elle ne l'avoit vu, & sa conversation avec Milord. Que faut-il que je fasse, lui de manda-t-elle ? Guidez-moi, conduisez-moi dans cette route difficile ; prononcez, je suis prête à vous sacrifier mon établissement, mes espérances, mon bien-être ; pourvu que je sois sûre de votre cœur, je serai satisfaite. Je ne suis ni moins tendre, ni moins généreux que vous, ma digne & charmante amie, continua le Chevalier : je ferai un dernier effort sur l'esprit de ma mere, pour la faire consentir à notre mariage : si elle me refuse, je quitte l'état auquel elle me destine ; je passerai avec vous dans les pays étrangers, où rien n'empêchera que nous ne soyons unis par des nœuds indissolubles. Quel prix, s'écria Mademoiselle Lovel, pour tant de vertu & de constance, que la misere la plus profonde ! C'est ce que nous ne pouvons éviter, si nous sommes forcés à ce dernier parti. Leur conversation fut triste & touchante ; c'est le triomphe d'un amour vertueux que ces situations : l'ame agit seule ; les sens n'ont aucune part aux mouvemens qu'elle éprouve, & qui ne sont pas sans plaisir.

Le Chevalier se levoit pour prendre congé d'elle, quand Milord parut. Il fut surpris de l'air & de la figure du Chevalier. De l'humeur dont étoit Milord C.., la jalousie ne pouvoit entrer dans son ame. Il fit au Chevalier un accueil qui marquoit bien la tranquillité dont il jouissoit. Monsieur est sans doute, demanda-t-il, Monsieur de M..? Oui, Milord, répondit Mademoiselle Lovel. Il lui fit un compliment poli & l'invita à s'asseoir. Je n'ai garde de vous disputer, continua Milord, le cœur de Mademoiselle ; mais comme je l'aime, & que je voudrois la voir heureuse, permettez que je vous demande ce que vous comptez faire pour son bonheur & le vôtre. Le Chevalier l'assura qu'il alloit travailler à obtenir le consentement de ſa mere. Milord ſecoua la tête: je ſouhaite, répliqua-t-il, qu'elle ſe rende à vos deſirs, mais je ne l'eſpere pas : elle eſt butée à vous faire prendre un parti qui aſſure tout le bien de ſa maiſon à votre aîné : ce qu'elle pourroit faire, ſeroit de conſentir à votre mariage, ſi vous preniez une femme dont la fortune pût vous dédommager de ce que la qualité de Cadet vous refuſe : ainſi ne comptez pas ſur ſon aveu. Il étoit tard : le Chevalier s'en retourna à M.. en méditant de quelle maniere il s'y prendroit pour réuſſir dans ſes amoureux projets.

Il crut devoir d'abord conſulter ſon frere, avec lequel il vivoit en bonne intelligence depuis ſa rupture avec Mademoiſelle de Prémur. Il étoit bien loin de l'approuver, quoiqu'il ne l'eût point contrarié ſur ſes aſſiduités auprès de Mademoiſelle Lovel. Mon frere, lui dit-il, je viens de B.. ; j'y ai trouvé Milord C... ; il presse Mademoiselle Lovel de remplir les engagemens de son pere, & de passer avec lui en Angleterre : si elle accepte sa main, je n'y survivrai pas ; vous sçavez combien je l'aime ; mais vous ignorez que je ne puis vivre sans elle, & que, si, forcée par sa situation, elle étoit obligée de passer dans les bras d'un autre, le jour de son mariage seroit le dernier de ma vie. Le Marquis avoit paru l'écouter d'abord patiemment ; mais voyant qu'il continuoit avec une vivacité digne de son amour : mon frere, lui dit-il en l'interrompant, vous parlez comme un homme amoureux qui ne consulte ni la raison ni ses intérêts, ni même l'honneur qui semble blessé en épousant une fille qui ne subsiste depuis son enfance, que par les bienfaits de tout le monde, qui n'a rien à espérer, sans parens, sans protection, sans crédit, à peine Demoiselle. Que deviendrez-vous ? Que feront vos enfans? car je vous annonce que ma mere ne consentira jamais à ce mariage ; je connois sa façon de penser.

Le Chevalier vit trop-tard qu'il avoit compté légérement sur l'amitié de son frere ; il se repentit de lui avoir ouvert son cœur, connoissant qu'on vouloit le sacrifier à l'ambition de son aîné, & qu'il n'avoit rien à espérer de la fortune : ainsi changeant de ton avec lui, j'ai trop présumé, lui dit-il, de votre tendresse pour un frere qui ne vous a jamais donné lieu de vous plaindre de lui. Excepté, reprit le Marquis ironiquement, quand vous m'avez ravi la personne que j'aimois le plus. C'étoit innocemment, répliqua le Chevalier ; d'ailleurs je n'ai suivi que votre exemple en aimant cette même personne que vous trouviez alors digne de vous, puisque si son cœur ne m'eût pas donné la préférence, vous eussiez fait pour elle ce que vous condamnez aujourd'hui en moi : les oppoſitions de ma mere même ne vous euſſent point arrêté. Le Marquis rougit de dépit. J'étois amoureux comme vous, continua-t-il, par conſéquent aveugle ; & j'aurois peut-être fait une ſottiſe, dont, grace à ſon inconſtance, j'ai été préſervé : je la pouvois faire au moins ſans être expoſé à la miſere & au mépris : elle n'avoit que dix-ſept ans, n'ayant encore donné des eſpérances à perſonne ; mais Milord C.. ſe flatte d'en avoir obtenu des paroles poſitives. Je le ſçais, reprit le Chevalier ; Milord rend juſtice à la vertu de Mademoiſelle Lovel & à ſa conduite avec lui. Mais, mon frere, continua-t-il, vous qui paroiſſez aujourd'hui ſi difficile, ſans mes ſoins, vous épouſiez Mademoiſelle de Prémur. Vous me faites un reproche, répliqua le Marquis, qui ſied mal dans votre bouche ; Mademoiſelle de Prémur eſt une fille de condition, jouiſſant de tous les avantages de ſon état, n'ayant jamais perdu de vue ſes parens ; & je vous ai encore l'obligation de l'avoir rendu fauſſe & perfide. Sans vous elle m'eût aimé & m'eût ſans doute rendu heureux, ſans peut-être l'avoir épouſée. Si je n'ai pas eu du reſſentiment des torts que vous m'avez faits, c'eſt en faveur de votre bonne foi. Imitez-moi, & ne vous obſtinez pas à vouloir amuſer une fille à qui vous feriez manquer les occaſions de ſe marier, & que vous n'épouſerez jamais.

Le Chevalier ne voulut pas s'ouvrir davantage, & crut devoir attendre au lendemain pour parler à la Marquiſe, qu'il trouva prévenue. Elle entra dans une grande colere contre ſon fils, & proteſta qu'elle l'empêcheroit bien de faire une pareille extravagance, le menaça même de le faire partir pour Malthe, s'il perſiſtoit dans ſa folle paſſion.

Elle se servit, avec charité, de termes si méprisans, en parlant de Mademoiselle Lovel, que le Chevalier se retira au désespoir, méditant les desseins les plus violens.

Il ne sçavoit comment annoncer de si tristes nouvelles à sa maîtresse : c'étoit lui porter un coup mortel, ou la déterminer d'accepter la main de Milord C.. Le dernier parti eût été le plus sage, s'il avoit pu le lui conseiller, mais il n'y pouvoit penser sans mourir. Un amant qui cede sa maîtresse, ou qui la quitte par des considérations d'intérêt, ne sçait point aimer, ou n'aime guères.

Le Chevalier fut plusieurs jours sans sçavoir à quoi se déterminer, & n'osant retourner au Couvent. Sans un billet qu'il reçut d'une main inconnue, il eût peut-être encore resté quelquetems sans aller à B... On lui mandoit que, depuis plusieurs jours, on voyoit roder aux environs du Couvent des gens qui sembloient avoir des desseins sur Mademoiselle Lovel, qu'un Anglois devoit l'enlever si elle sortoit; & qu'on ne pouvoit trop-tôt la prévenir sur le danger qu'elle couroit.

Effrayé par cet avis, le Chevalier ne voulut s'en fier qu'à lui-même, & alla au Couvent de si grand matin, que Mademoiselle Lovel n'étoit pas encore levée. Elle courut au Parloir, fort inquiette, & trouva le Chevalier si changé, que ses allarmes augmenterent. Qu'allez vous donc encore m'apprendre, lui demanda-t-elle tendrement? Il commença par la conversation qu'il avoit eue avec son frere; il lui dit ensuite, avec tous les ménagemens qu'il put garder, que sa mere ne vouloit point consentir à leur mariage: puis tirant la lettre qu'il avoit reçue, il la lui donna. Grand Dieu! s'écria Mademoiselle Lovel après l'avoir lue, quelle horreur ! Peut-on ſoupçonner le plus digne homme de cette violence ? Non, non, ne craignez rien de Milord; il nous ſerviroit plutôt aux dépens de ſa vie. Mais, continua-t-elle après avoir rêvé un moment, c'eſt encore une invention de cette terrible fille, qui croit ſe venger des mépris de Milord & des vôtres, en tâchant de jetter des ſoupçons ſur ſa probité, & vous engager à vous couper la gorge avec lui. Quelle affreuſe créature ! Le Chevalier trouva quelque vrai-ſemblance aux conjectures de Mademoiſelle Lovel; & comme il avoit vu plus d'un trait de la noirceur du caractere de Mademoiſelle de Prémur, il ne douta pas qu'elle fût l'auteur de l'avis. Mais de crainte de ſurpriſe, Mademoiſelle Lovel lui promit de ne pas ſortir de ſon Couvent.

Milord étoit parti après l'avoir aſſurée qu'il viendroit au premier mot pour la conduire en Angleterre, ou pour lui rendre tous les ſervices qu'elle exigeroit de lui. Comme je ſçais vos moyens, ajoûta-t-il, voilà 200 louis que je vous prie d'accepter ; ne rougiſſez pas, dit-il, en voyant ſa confuſion : ce n'eſt qu'un prêt ; je me ferai rendre cet argent par vos freres : votre aîné vient de faire une riche fortune en épouſant une femme, dont les grands biens le mettent en état de vous faire un ſort heureux, ſi vous preniez la réſolution de paſſer aux Indes.

Cette ſomme étoit conſidérable, vu les circonſtances où Mademoiſelle Lovel ſe trouvoit ; mais elle refuſa abſolument de la prendre, à moins que Milord n'en reçut ſon billet. Je ne veux pas vous contrarier, reprit-il. Ayant fait paſſer cet argent par le tour du Parloir, Mademoiſelle Lovel alla chercher de quoi écrire ; mais à ſon retour, elle ne le trouva plus : il etoit remonté dans sa chaise, & avoit repris, en toute diligence, le chemin de Calais.

Mademoiselle Lovel avoit eu tant de preuves de la générosité de Milord C.., qu'elle ne fut pas surprise de ce dernier trait. Elle se détermina à garder cette somme, qui lui devint très-nécessaire; elle ignoroit alors l'usage qu'elle en feroit.

Les bénéfices de l'Abbé Lovel ne suffisant pas pour satisfaire toutes les fantaisies de Mademoiselle de Prémur, il reçut la pension de sa sœur, dont il ne lui fit rien tenir. Elle engagea la Prieure d'écrire à ses protecteurs, qu'elle la recevroit à l'avenir; mais son frere, furieux de ce contre-tems, commença d'entrer dans les projets de vengeance de Mademoiselle de Prémur. Il cessa d'aller au Couvent, d'écrire à sa sœur, & de lui envoyer les lettres à son adresse. Cette conduite acheva d'anéantir dans le cœur de Mademoiselle

Lovel, les ſentimens de la nature & de l'amitié ; elle réſolut d'abandonner ſon frere à ſon malheureux ſort.

De ſon côté, le Chevalier ſouffroit une fâcheuſe perſécution, depuis les tentatives qu'il avoit faites. Sa mere le preſſoit de faire ſes vœux, & vouloit l'envoyer à Malte. Elle étourdit l'Evêque du prétendu commerce de ſon fils avec Mademoiſelle Lovel. L'Evêque fit ſes informations, alla même au Couvent pour interroger la Prieure, qui certifia que Mademoiſelle Lovel étoit l'exemple de la Communauté, & qu'elle ne ſortoit jamais. L'Evêque ne voyant dans les plaintes qu'on avoit faites de cette Demoiſelle, qu'une mere inquiette & déraiſonnable, ne pouſſa pas plus loin ſes recherches.

Mademoiſelle Lovel ayant appris que ſon frere étoit pourſuivi par quelques Créanciers, les envoya chercher & les ſatisfit, en exigeant la promeſſe de ne point dire d'où lui venoit ce ſervice. Mademoiſelle de Prémur ne s'y méprit pas, & donna à cette action une tournure pleine de malignité. C'eſt votre ſœur, lui diſoit-elle, qui a payé pour vous; le Chevalier de M.. fournit amplement à toutes ſes dépenſes. Bien loin de défendre l'honneur de ſa ſœur, qui devoit être le ſien, le Curé applaudiſſoit à des ſoupçons injurieux à ſa réputation. Cette action généreuſe augmenta la haine de ſon ennemie. Les méchans ſont auſſi jaloux de la gloire, que s'ils étoient ſuſceptibles de ſentiments d'honneur. C'eſt ſans doute un de leurs plus grands ſupplices, que de voir les autres jouir d'une belle réputation.

Mademoiſelle Lovel étoit inattaquable. On peut bien inventer des faits calomnieux contre une femme vertueuſe; mais il faut des preuves, & il n'y en avoit point qui puſſent ternir ſa vertu. Son ennemie étoit déſeſpérée de ſon bonheur : qu'elle eſt heureuſe, ſe diſoit-elle ! Le Chevalier l'adore ; il la comble de bienfaits ; il redouble ſes aſſiduités malgré la gêne de leurs tête-à-têtes. Elle ne pouvoit comprendre qu'un homme pût paſſer des journées entieres à un Parloir. Ses réflexions la déterminerent à faire tout ſon poſſible pour déſunir des amans qu'elle ne haïſſoit, que parce qu'elle les croyoit heureux, & qu'ils la mépriſoient.

Cette penſée donna lieu en peu de tems à un projet furieux : elle n'en fit point part d'abord au Curé ; mais elle lui conſeilla de ſe réconcilier avec ſa ſœur, & de tâcher de la déterminer à revenir à Prémur. Il ne lui en fallut pas davantage pour courir au Couvent de ſa ſœur. Il parut repentant, ſupplia, pleura ; mais Mademoiſelle Lovel reſta ferme dans la réſolution de ne point quitter ſa retraite, perſuadée qu'il n'agissoit point de bonne foi, & qu'il y avoit dans son empressement à la faire revenir à Prémur, un intérêt caché, qui ne pouvoit qu'être dangereux pour elle.

Quoique ce projet eût échoué, Mademoiselle de Prémur ne se rebuta pas; elle sçut que le Chevalier retournoit ordinairement fort tard à M.. : on étoit en Automne, & les jours commençoient à être courts : elle profita de la circonstance pour mettre à exécution le plus lâche & le plus noir de tous les projets. Il y a quelqu'apparence que le Curé ne sçut point ses intentions, & n'entra dans cet horrible complot, que parce qu'il ne crut point qu'elle eût dessein de pousser si loin sa vengeance. Il étoit toujours jaloux du Chevalier : il voulut se défaire d'un rival en lui donnant une grande frayeur. Quoi qu'il en soit, on ne peut le justifier de sa lâche complaisance : il falloit que Mademoiſelle de Prémur eût attaché des récompenſes proportionnées aux riſques qu'il couroit.

Nous touchons à un des endroits le plus lamentable de ces Mémoires, & le plus difficile à rendre. Qu'une femme aguerrie dans le crime faſſe des actions cruelles à la honte de l'Humanité, cela n'eſt pas ſans exemple : mais qu'une fille de dix-huit ans ſecoue tous préjugés & toute crainte, c'eſt ce qui paroîtra extraordinaire.

Le Chevalier avoit paſſé la journée au Parloir ; jamais il n'avoit été ſi tendre, ni Mademoiſelle Lovel ſi touchée : ces amans s'étoient dit tout ce qu'une paſſion mutuelle peut inſpirer ; ils ne pouvoient ſe réſoudre à ſe quitter : trois fois il revint à la grille pour lui dire adieu : il ſembloit que ſon cœur lui annonçât ſa funeſte aventure. L'heure étoit déja paſſée, où l'on ſouffre les étrangers au Parloir, & la Touriere avoit averti qu'on alloit fermer les portes : le Chevalier sembloit oublier qu'il avoit trois lieues à faire dans une nuit obscure ; enfin, après mille tendres assurances d'un amour éternel, il monta dans sa chaise & partit.

Il n'avoit pas fait une lieue, que deux hommes l'attaquerent. L'un, qui paroissoit le plus fort, arrêta le Postillon, en le menaçant de le tuer s'il crioit ou qu'il se mît en devoir de marcher. L'autre vint à la portiere & tira un coup de pistolet d'une main mal-assurée, en disant dans un assez mauvais langage : voilà de quoi punir le téméraire qui dispute à Milord C.. une fille qu'il aime.

Le Chevalier reçut le coup dans la joue droite ; la balle traversa & sortit du côté opposé. L'homme qui retenoit le Postillon, lui ordonna de continuer son chemin ; après quoi, les deux assassins s'enfoncerent dans le plus épais du bois. Le Postillon, sans regarder derriere lui, fit une telle diligence, qu'il arriva au prochain village quelques momens après.

Son premier soin fut de regarder si son maître vivoit encore : il ne donnoit aucun signe de vie : mais le Chirurgien, après l'avoir examiné, dit que la balle ayant traversé les deux côtés du visage, il ne croyoit pas que le coup fût mortel. Le blessé avoit perdu beaucoup de sang, & la douleur avoit été si violente, qu'il s'étoit évanoui. Le Chirurgien le fit revenir, arrêta le sang & le fit transporter à M.., jugeant qu'il y seroit plus commodément ; & s'étant fait seller un cheval, il le suivit.

Le premier soin du Chevalier, en reprenant connoissance, avoit été d'ordonner à son Postillon de dire qu'ils avoient été attaqués par des voleurs : il eût bien voulu dérober à sa mere &

à ſon frere ce funeſte accident, dans la crainte des perquiſitions : mais il ne fut pas poſſible de le cacher dans une maiſon où il y avoit un ſi grand nombre de domeſtiques.

La Marquiſe, fort allarmée, fit avec une vivacité turbulente mille queſtions à ſon fils qui ne pouvoit parler. Le Chirurgien aſſura le lendemain qu'il n'y avoit rien à craindre pour la vie du bleſſé. Mais la Marquiſe voulant profiter de cette cruelle circonſtance pour lui faire de douces remontrances, lui dit que ſes fréquens voyages à C.. ne pouvant que lui attirer des malheurs, il falloit abſolument renoncer à une fille dont il avoit empêché l'établiſſement, & à la réputation de qui il portoit un coup mortel ; que ne pouvant lui procurer un ſort convenable & la dédommager des ſacrifices qu'elle lui faiſoit, il devoit profiter de cet événement pour remercier Dieu de l'avoir préſervé de la mort, & ceſſer un commerce, où ſans doute, il étoit offenſé : car, ajoûta-t-elle, Dieu pardonne tout : quelque coupable que vous ſoyez, mon fils, vous pouvez compter ſur ſa miſéricorde, ſi vous prenez une ferme réſolurion de renoncer aux objets qui ſont cauſe de la vie licentieuſe que vous menez. Voyant qu'il ne répondoit pas. Courage, mon cher enfant, continua-t-elle, je vais envoyer chercher le Révérend Pere Antoine, il vous donnera des conſolations, & vous fortifiera contre les retours qui ne ſont que trop fréquens à votre âge.

Le ſermon de la Marquiſe avoit fait plus de mal au Chevalier, que le coup de piſtolet. Le reſpect le retint & l'empêcha de faire aucun ſigne ; mais il fit entendre d'un air impatient, qu'on le laiſsât repoſer, & qu'on ne l'obligeât point à parler. Le Chirurgien qui s'étoit éloigné, entendant que le malade s'agitoit dans ſon lit, vint à lui. Monſieur, dit le Chevalier, ordonnez, je vous prie, qu'on ne laiſſe entrer ici que les gens qui me ſont néceſſaires; & ſe tournant enſuite de l'autre côté, il ne répondit rien à la Marquiſe qui eſſayoit encore de le ſermoner; enfin elle s'en alla aux inſtances du Chirurgien, qui l'aſſura que le malade avoit beſoin de repos, & que c'étoit retarder ſa guériſon, que de le faire parler.

Sans en rien dire, elle avoit fait dreſſer un procès-verbal de l'état de ſon fils & de ſon accident. La Maréchauſſée courut tout le pays & n'apprit rien, ſinon que le jour que le Chevalier avoit été attaqué, on avoit vu roder à la brune, aux environs de B.., deux hommes à cheval, ayant des caſaques griſes & des capuchons de même couleur, dont les chevaux paroiſſoient deſtinés à la charrue. Ces enſeignemens ne pouvant rien éclaircir, on questionna encore le Chevalier, qui, pour donner quelque vraisemblance à ce qu'il avoit dit d'abord, avoit fait cacher ses effets; ses soupçons ne lui permettant pas de compromettre des gens auxquels il croyoit devoir des ménagemens. Ainsi la Marquise fut obligée de se désister de ses poursuites.

Le Chirurgien avoit de l'intelligence; il jugea dès les premiers jours, que le blessé étoit éperdument amoureux, & que son accident étoit sans doute une suite de son intrigue; il pensa, qu'en contrariant sa passion, il l'exposeroit à des dangers, au lieu qu'en la flattant, il attireroit sa confiance, & pourroit jetter les fondemens de sa fortune sur sa complaisance. Il lui demanda d'abord le sujet de son inquiétude; ensuite allant plus avant, il lui offrit ses services. Le Chevalier craignant de s'ouvrir d'abord,

bord, lui répondit vaguement, & le remercia : mais voyant qu'il parloit de bonne foi, il lui fit confidence de ſon embarras. Mademoiſelle Lovel n'étoit pas ſortie un moment de ſon eſprit; en reprenant connoiſſance, il ſe l'étoit d'abord repréſentée comme déſeſpérée de ſon accident, & s'accuſant d'en être la cauſe. On ſouffre moins patiemment les peines de ce qu'on aime, que les ſiennes propres. Il n'étoit pas poſſible au Chevalier de dérober la connoiſſance de ſon accident à Mademoiſelle Lovel, tant il avoit fait de bruit; ſon ſilence même aidoit à jetter cette triſte Demoiſelle dans la plus grande inquiétude. Il fut donc fort ſatisfait de l'occaſion qui ſe préſentoit de lui apprendre ſa ſituation.

Le Chirurgien offrit d'écrire la lettre & de la faire rendre; le Chevalier la dicta, la ſigna, & ſon Confident l'envoya ſûrement à Mademoiſelle Lovel. Elle étoit depuis dix jours dans de continuelles allarmes. La lettre du Chevalier, en la tirant d'une peine, la jettoit dans une plus grande ; car de quelque ménagement qu'il eût usé, elle sentit aisément d'où partoit le coup qu'il avoit reçu, & qui elle devoit en soupçonner. Après l'avoir lue, elle rentra dans sa chambre ; ses larmes ne purent servir sa douleur ; un étouffement & la fiévre suivirent le premier saisissement. Toute la Communauté en allarme apprit bientôt son mal. Un transport violent, dans lequel les noms de son frere, de Mademoiselle de Prémur & du Chevalier étoient mêlés, firent conjecturer qu'il falloit qu'elle eût reçu les plus fâcheuses nouvelles. Sur le bruit de sa maladie, son frere se présenta ; on le lui dit : mais à mesure qu'on prononçoit son nom, le transport redoubloit : on prit le parti de ne plus lui en parler.

Le Chevalier apprit la situation de Mademoiselle Lovel avec une douleur immodérée. Son Confident ne vit pas de meilleur moyen de calmer ſon agitation, que de lui offrir d'aller lui-même au Couvent de C... Il prétexta quelques affaires qui demandoient ſa préſence chez lui, & laiſſa ſon Malade dans l'impatience de ſon retour.

Le Chirurgien alla au Couvent; une Religieuſe ſe préſenta, & lui dit que Mademoiſelle Lovel étoit hors d'état de venir au Parloir, qu'elle avoit été à l'extrémité, & qu'elle n'étoit pas encore hors de danger; que, s'il avoit quelque choſe à lui dire, elle s'en chargeroit volontiers. Il lui remit une lettre & en attendit la réponſe. Mademoiſelle Lovel en reçut quelque ſoulagement, & fit aſſurer le Chevalier que rien ne pouvoit mieux lui rendre la ſanté, que ſon prompt rétabliſſement.

La même voie fut employée par nos amans pour ſe donner des nouvelles l'un de l'autre pendant leur convaleſcence, qui dura plus de ſix ſemaines. Le Chevalier les paſſa dans la plus vive impatience de la revoir, & Mademoiſelle Lovel à faire des triſtes réflexions; elle attendoit des détails qui la glaçoient d'effroi; elle craignoit que cet événement ne lui fît perdre le cœur de ſon amant, malheur plus affreux pour elle, que la mort dont elle venoit d'échaper. Ces penſées la jetterent dans une noire mélancolie, qui lui fit prendre le parti de s'engager dans un état pour lequel elle s'étoit toujours ſenti une grande répugnance : mais l'amour la ſauva encore de ce dangereux pas.

Le Marquis de M.. ayant eu quelques ſoupçons, que la jalouſie avoit peut-être eu part à l'accident de ſon frere, queſtionna de nouveau le Poſtillon, qui avoua que ſon Maître n'avoit point été volé, quoique les gens qui l'avoient attaqué en euſſent eu tout le tems. Il ajoûta qu'il croyoit avoir entendu nommer Milord C.. Il n'en falloit pas davantage pour faire croire le plus digne homme d'Angleterre, coupable d'une action abominable. Sur ce léger fondement, le Marquis crut trouver un excellent moyen d'éloigner pour jamais son frere d'un objet qui le détournoit de prendre un parti qui assuroit sa fortune.

Il n'avoit pas passé un jour sans lui rendre visite : mais ayant plus de prudence que sa mere, il attendit qu'il fût presque rétabli, pour lui parler de son attachement & des dangers qu'il y avoit de continuer une liaison qui ne pouvoit avoir des suites heureuses. Le Chevalier, qui le pressentit, évita d'entrer dans aucune explication ; mais le Marquis ne se rebuta pas. Nous espérons, lui dit-il enfin, que, pour notre tranquillité & votre bonheur, vous ne retournerez plus à B . . . votre accident est une cruelle leçon pour vous rendre sage. Je ne veux ni ne dois rendre compte de ma conduite à personne, reprit le Chevalier ; ma tendresse pour Mademoiselle Lovel n'a rien de commun avec les scélérats qui m'ont attaqué. Vous êtes dans l'erreur, répliqua le Marquis ; & Milord C.. est sans doute la cause de votre malheur.. Prenez garde, interrompit le Chevalier, de soupçonner un homme d'honneur ; il est incapable d'une lâcheté si noire. Si Milord C.. avoit eû quelque chose à me dire, il se seroit expliqué avec moi en homme de cœur, & non pas en assassin. J'ai vu Milord avant son départ pour l'Angleterre, & je n'en ai reçu que des offres de service & des marques d'estime. Vous apprendrez peut-être un jour qui l'on doit accuser, & vous rougirez alors de l'injure que vous faites à cet honnête Anglois. Cependant, répliqua le Marquis d'un air étonné, vos assassins le nommerent. Le Chevalier vit bien que le Postillon avoit parlé. Comme c'étoit un mal sans remede, il prit le parti de défendre

Milord, ſans laiſſer ſoupçonner les véritables auteurs de ſon aſſaſſinat. Quant à Mademoiſelle Lovel, il le laiſſa auſſi dans l'incertitude s'il la reverroit ; & ils ſe quitterent aſſez froidement.

Loin de renoncer à l'objet de ſon amour, le Chevalier brûloit d'impatience de le revoir ; il ſembloit que ſa tendreſſe eût pris de nouvelles forces par l'abſence & par l'extrémité où il ſçavoit qu'elle avoit été réduite. Un homme qui aime foiblement, ſe rebute des moindres obſtacles, ou de ce qui peut nuire à ſes intérêts : mais l'amant paſſionné rapporte tout à ce qu'il aime, & ne voit rien au-delà.

Auſſitôt que le Chevalier fut en état de ſortir, il vola au Couvent. La joie que Mademoiſelle Lovel reſſentit en le voyant, ſuſpendit toutes ſes inquiétudes & ſes queſtions : mais les premiers tranſports étant calmés, elle lui demanda, en tremblant, des détails qui devinrent pour elle une ſource de larmes.

Je ne me ſuis point mépris, continua le Chevalier. Quoique mon aſſaſſin ait nommé Milord C.., la main qui m'a porté le coup n'étoit point armée pour la querelle d'un autre ; j'ai cru entendre la voix de la déteſtable de Prémur. Qui a-t-elle pris pour ſecond, demanda Mademoiſelle Lovel en frémiſſant? Je ne ſçais..., reprit le Chevalier en baiſſant les yeux ; ce ne peut être qu'un homme dévoué à ſes volontés... Ha! quel autre que mon frere, répliqua Mademoiſelle Lovel en ſoupirant, & ſe cachant le viſage de ſon mouchoir? O ciel, continua-t-elle! Que pourrai-je jamais faire pour réparer tout le mal que je vous cauſe? Vous avez manqué de perdre la vie pour moi ; vous ſouffrez les plus grandes perſécutions de la part de vos parents, & vous m'aimez encore! Je ferai plus, reprit le Chevalier, je vous aimerai toute ma vie avec encore plus d'ardeur, s'il eſt poſſible. Quoi! vous ne renoncez pas à moi, s'écria-t-elle, après vos soupçons sur l'honneur de mon frere ? Toutes les preuves que vous m'aviez données de votre amour, cedent à cette derniere. Non, jamais je ne pourrai vous en donner le prix. Vous en avez un, continua le Chevalier, qui termineroit toutes nos peines : vous le sçavez ; il n'est que ce seul moyen de sortir de ce labyrinthe d'infortunes ; c'est de passer dans des pays où nous puissions en liberté contracter des engagemens qui doivent faire le bonheur de ma vie.

Il n'étoit plus tems d'hésiter, ni de refuser un amant qui donnoit des preuves d'amour si grandes & si extraordinaires. Mademoiselle Lovel rêva pendant un quart-d'heure ; puis, prenant la parole avec assez de fermeté : c'en est fait, lui dit-elle, je vois bien qu'il faut que les apparences soient toujours contre moi. J'espere cependant que je n'aurai point à rougir d'une démarche équivoque, mais néceſſaire. Il y a trois mois que votre propoſition m'effraya ; je ne vois plus aujourd'hui que cette reſſource. Convaincue de votre conſtance & de la force de vos ſermens, je crois que je ne riſque rien de me confier à votre foi. Le pays le plus proche & le plus facile à gagner, eſt l'Angleterre : allons-y contracter mon mariage de l'aveu de mes freres, ou paſſer aux Indes pour y vivre avec eux. Ils ſont riches ; ils pourront nous être d'un grand ſecours. Je n'ai pas moins de confiance en vous, que vous en avez en moi, répliqua le Chevalier : chaque inſtant qui retarde notre fuite, eſt un inſtant perdu : ſouffrez que je vous quitte pour aller travailler aux préparatifs de notre voyage : il ne ſera jamais aſſez prompt au gré de mes deſirs.

Il partit ſur le champ, & ne retourna à B.., que quand tout fut préparé pour leur départ. Il emprunta mille écus de l'Intendant de ſa mere, dont il lui fit un billet ; & avertit Mademoiselle Lovel du jour qu'il devoit aller la prendre. Elle avoit de ſon côté mis ordre à ſes affaires, de façon qu'elle n'eût aucun inconvénient à eſſuier pour ſortir du Couvent. Quelques jours auparavant, elle avoit envoyé une caiſſe à Calais, où elle avoit renfermé ſes meilleurs effets.

Comme on lui permettoit, depuis ſa maladie, de ſe promener hors du Couvent, elle en ſortit le jour indiqué avec une femme de chambre ; le Chevalier l'attendoit avec des chevaux. Ils firent une ſi grande diligence, qu'en moins de ſix heures ils arriverent à Calais, d'où ils ſe rendirent à Douvres en fort peu de tems.

Mademoiſelle Lovel voulant garder des ménagemens pour tout le monde, avoit laiſſé ſur ſa table une lettre pour la Prieure, où elle lui marquoit que, pour des raiſons importantes, elle étoit obligée de ſortir de France ; qu'elle alloit en Angleterre trouver une partie de ſa famille; qu'elle diſpoſoit de ſes meubles, & généralement de tout ce qui ſe trouveroit dans ſa chambre, en faveur d'une pauvre Demoiſelle qui lui étoit attachée.

Il étoit fort tard lorſqu'on s'apperçut de l'abſence de Mademoiſelle Lovel. On la chercha inutilement; & ſa femme de Chambre ne ſe trouvant pas non-plus, on ouvrit ſon appartement, où l'on trouva la lettre adreſſée à la Prieure, qui fut d'abord fort allarmée de la fuite de cette Damoiſelle : mais comme elle n'avoit pas ordre de la garder, parce qu'elle étoit venue dans cette maiſon de ſa propre volonté, elle ſe contenta d'écrire à ſon frere & à ſes protecteurs, qu'elle n'étoit plus au Couvent, & qu'elle avoit paſſé en Angleterre.

Les choſes ne ſe paſſerent pas à M.. ſi tranquillement : la Marquiſe, croyant ſon fils à Paris, & n'en apprenant aucune nouvelle, envoya plusieurs exprès, qui rapporterent qu'on ne l'avoit pas vu. Le départ de Mademoiselle Lovel ne laissa point de doute que le Chevalier ne fût parti avec elle. La colere de la Marquise ne peut se dépeindre ; elle jura de faire renfermer son fils en lieu où il auroit le tems de se repentir de sa désobéissance. Pendant qu'elle s'exhaloit en menaces, nos amans étoient déja en état de ne la plus craindre.

Arrivés heureusement en Angleterre, ils allerent droit à Londres, où ils espéroient trouver Milord C.., sur lequel Mademoiselle Lovel comptoit absolument. Elle lui écrivit sa situation. Quoique les services qu'elle attendoit de lui fussent bien contraires à ses espérances, il vola chez elle, persuadé que la démarche qu'elle venoit de faire alloit le rendre le plus heureux de tous les hommes : son premier compliment l'annonça : mais Mademoiselle Lovel se pressa de le tirer d'erreur.

Si mon eſtime pour vous, Milord, étoit moins grande, lui dit-elle, je craindrois de vous faire un récit qui, en détruiſant vos eſpérances, ſemble vous demander votre protection pour hâter le bonheur d'un autre : mais votre vertu m'eſt connue ; je ſçais que vous n'abuſerez ni de ma confiance, ni des circonſtances critiques & ſingulieres où ma malheureuſe fortune m'a conduite. Je viens de faire pour le Chevalier de M.., ce que j'ai refuſé à vos empreſſemens & à votre tendreſſe. Je laiſſe à votre équité à me condamner ou à convenir ſi j'ai dû & ſi j'ai pu faire moins pour un homme de qualité qui m'a tout ſacrifié. Enſuite elle lui raconta ſa malheureuſe hiſtoire depuis le moment où il l'avoit quittée.

Milord rêva triſtement pendant tout ce diſcours : mais à l'endroit où l'aſſaſſin du Chevalier le nomma, il ſe leva furieux. Quel monſtre, s'écria-t-il, a pu avancer une pareille horreur ?

Hélas! Milord, reprit vivement Mademoiselle Lovel, je ne puis vous faire part de mes conjectures sans frémir. Mademoiselle de Prémur & mon malheureux frere sont ceux que nous avons raison de soupçonner. Le Chevalier sçait-il, demanda Milord, que votre frere est son assassin? Il n'en doute pas, reprit Mademoiselle Lovel; & c'est ce dernier trait de son amour, qui m'a déterminée à la démarche que j'ai faite. Ha! c'en est trop en effet, répliqua Milord vivement. Mr. de M.. vous mérite mieux que moi; car je n'étois pas capable d'un tel effort: je le vois bien, il faut vous céder à sa tendresse; puis se reprenant, il s'écrioit douloureusement: Que deviendrai-je? Croyez-vous que je puisse voir de sang-froid son bonheur?.. Mais aussi, vous laisserai-je sans appui dans un pays, où vous n'avez que moi qui puisse vous rendre service? Oui, il faut assurer votre fécilité, & fuir loin de vous. Mademoiſelle Lovel étoit déchirée par les plaintes de Milord & par les chagrins qu'elle lui cauſoit ; mais elle mit tant de douleur & de tendreſſe dans les expreſſions de ſa reconnoiſſance, que Milord, touché & déſeſpéré en même tems, promit qu'il alloit tout faire pour aſſurer leur ſatisfaction.

Par un excès de décence, Mademoiſelle Lovel ne voulut pas loger avec le Chevalier, dans la même maiſon ; elle ſe mit chez de bonnes gens en penſion juſqu'à ſon mariage, comptant recevoir des nouvelles de ſes freres avant que de ſe marier : mais les circonſtances changerent ſes réſolutions. La Marquiſe de M.., furieuſe, avoit fait, de la fuite de ſon fils, une affaire d'Etat ; & l'Ambaſſadeur eut ordre de le faire chercher & de le renvoyer en France ſous bonne & ſûre garde. Milord C.. en fut averti, le cacha dans ſa maiſon, fit trouver un Prêtre Catholique, & le fit marier avec

Mademoiſelle Lovel, en préſence de quatre temoins pris dans ſon Hôtel.

L'affaire du Chevalier avoit fait un ſi grand bruit, que Milord lui conſeilla de changer de nom & de paſſer aux Indes avec ſa femme, dont les freres les mettroient à l'abri de tout événement. Enivrés de leur bonheur, ils ne connoiſſoient plus d'autres maux que la ſéparation. Après avoir exprimé leur vive reconnoiſſance à Milord, ils prirent congé de lui, & chargés de ſes bienfaits, ils s'embarquerent ſur un vaiſſeau qui partoit pour la Jamaïque.

Ce ne fut pas ſans le plus vif regret qu'ils quitterent leur bienfaiteur; ils lui devoient leur bonheur & leur liberté. Ses procédés généreux avoient touché Mademoiſelle Lovel des ſentimens les plus tendres; mais elle ne pouvoit récompenſer Milord, qu'en ſe donnant elle-même, & elle ne pouvoit plus diſpoſer de ſa perſonne. Ses deſirs étoient, qu'il pût s'attacher à quelque objet digne de lui, qui fît sa félicité.

Les premiers jours de leur navigation furent heureux ; ils eurent ensuite quelques orages à essuier, & un combat contre un vaisseau Espagnol. Mr. de M.. fit son devoir, malgré les allarmes de sa femme, qui ne s'opposa point à sa valeur. Il y fut blessé légérement. Les Espagnols furent vaincus, & le vaisseau Anglois continua sa route vers San-Yago, où nos époux arriverent deux mois après leur départ de Londres.

Ils s'informerent, en débarquant, de l'habitation de Mr. Lovel. On leur dit qu'il étoit à deux milles de-là, dans une magnifique maison de campagne. Madame de M.. n'étoit pas connue de ses freres ; elle avoit été enlevée si jeune, qu'elle n'en avoit elle-même qu'une légere idée. Voulant, avant que de les voir, sonder leurs dispositions, elle y envoya son mari, qui se fit annoncer comme un gentilhomme du Dauphiné, qui apportoit des nouvelles de leur famille. Il fut reçu très-honnêtement des deux freres, dont l'aîné étoit le portrait de sa femme; & le plus jeune, celui du Curé de Prémur. L'aîné avoit épousé depuis quelques années, une riche habitante du pays, qui joignoit à une figure aimable un caractere doux & insinuant. Mr. de M.. leur donna des nouvelles de leur sœur, qu'il peignit comme il la voyoit. A mesure qu'il en parloit, ils s'écrioient en même tems: Quel bonheur, si nous pouvions la voir! Mais quelle est sa situation? Notre pere nous écrivit quelque tems avant sa mort, qu'elle étoit persécutée, promenée de Couvent en Couvent. Ses malheurs, sans doute, l'auront forcée à s'enfermer pour toujours dans un Cloître? Non, reprit Mr. de M..; vous voyez en moi l'époux qu'elle a daigné choisir. Mrs. Lovel se leverent en même tems, & furent, les bras ouverts, au-devant de leur beau-frere, & lui marquerent, par leurs embrassemens, combien ils étoient satisfaits du choix. Ils demanderent avec vivacité où elle étoit. Nous sommes arrivés dans l'Isle, répondit Monsieur de M.. A peine lui donnerent-ils le tems de dire l'endroit où il l'avoit laissée; ils y coururent : Madame de M.. les vit arriver avec la plus grande satisfaction.

Après les premieres marques de joie & de tendresse, ils prirent tous le chemin de leur habitation. L'aîné présenta sa sœur à sa femme, comme une amie qu'elle alloit acquérir. Ils resterent encore six ans à San-Yago, après lesquels ils repasserent en Angleterre. Madame de M.. eut, en arrivant, la satisfaction de trouver Milord C.., unie à la plus aimable femme d'Angleterre. Cet Anglois, ayant perdu toute espérance de devenir l'époux de Mademoiselle Lovel, s'attacha à la veuve du Lord K.., jeune, belle & riche, & l'épousa. Madame de M.. se hâta de lui en marquer ſa joie ; il la reçut comme une amie tendre, qu'il revoyoit avec plaiſir.

Mr. de M.. comptoit ſe fixer en Angleterre : ſes beaux-freres l'avoient intéreſſé dans leur fortune, & il pouvoit ſe conſoler de celle qu'il avoit abandonnée pour ſuivre ſon épouſe ; mais la nouvelle qu'il reçut de France, le fit changer de deſſein. Son frere aîné venoit de mourir ; & ſa mere, déſeſpérée d'avoir contraint le ſecond de fuir ſa patrie, avoit écrit à Milord C.. dans les termes les plus touchans, & marquoit de grands regrets des duretés qu'elle avoit eues pour lui, & ſes diſpoſitions à les réparer : elle prioit Milord de lui mander ſes intentions & de l'engager à repaſſer en France pour reprendre ſes droits & faire la conſolation de ſa vie.

Milord C.. vint annoncer ces heureuſes nouvelles à Madame de M.. & à ſon mari, qui profita habilement de ces circonſtances : mais comme il ne vouloit rien haſarder, il écrivit à des amis qu'il avoit à Paris, de ménager ſa réconciliation avec ſa mere, de façon qu'il ne pût douter de ſa ſincérité. Sur les aſſurances qu'ils lui donnerent, il partit de Londres en promettant à ſes beaux-freres de revenir. Cette promeſſe n'empêcha pas les regrets de leur ſéparation, qui fut très-tendre. Il tint ſa parole quelques années après.

La Marquiſe de M.. prévenue de l'arrivée de ſon fils, vint au-devant de lui juſqu'au Havre. L'entrevue fut des plus touchantes ; elle combla ſa bru de careſſes, & ils prirent tous la route de Picardie, où elle voulut que le mariage de ſon fils fût célébré une ſeconde fois. La cérémonie s'en fit dans le Château de M.., où dix ans auparavant, Madame de M.. avoit reçu de ſi grands déplaiſirs. Deux enfans, qu'elle avoit eus pendant ſon ſéjour aux Indes, furent reconnus par ſa famille pour les légitimes ſucceſſeurs de la Marquiſe de M..

Mrs. Lovel demeurerent en Angleterre dans la Religion Proteſtante ; ainſi le Marquis de M.. ſe vit en liberté de demander au miniſtere la reſtitution des biens de ſon beau-pere. Après de longues conteſtations, il en obtint une bonne partie, & ſe vit, par ſon mariage, en poſſeſſion d'une femme qui l'adoroit, & qui par événement lui apporta une dot conſidérable, ſur laquelle il n'avoit pas compté. Ainſi le mariage qui avoit paru d'abord ſi diſproportionné à la Marquiſe, devint une des plus grandes conſolations de ſa vieilleſſe. Mademoiſelle Lovel, après mille traverſes, reçut enfin le prix de ſes vertus & de ſa perſévérance.

Le Curé de Prémur prétendit avoir part aux graces qu'on avoit faites à ſa ſœur ; mais ſa conduite ſcandaleuſe avoit tranſpiré, & l'on crut faire beaucoup pour lui, en le laiſſant dans ſon bénéfice ; & ſi l'on ne le punit pas, ce fut en faveur de ſon beau-frere. Nous reprendrons dans la Partie ſuivante la ſuite de ſon hiſtoire & de celle de Mademoiſelle de Prémur, qui donnera une ample matiere à ces mémoires. Je ſuis fâchée d'avoir à préſenter un contraſte auſſi frappant des vertus de Madame de M.., avec les vices de Mademoiſelle de Prémur : leur ſort fut auſſi bien différent. On peut, ſans donner à ces Mémoires un ton de moralité, haſarder une réflexion qui ſe préſente naturellement ; que, ſi la vertu n'eſt pas toujours heureuſe, le vice ne proſpere pas long-tems : il eſt un degré où il entraîne ſes victimes : la perte des biens, de la réputation, de la ſanté, du repos, de la vie même, ſont les ſuites infaillibles de la mauvaiſe conduite.

Fin de la premiere Partie.

www.ingramcontent.com/pod-product-compliance
Ingram Content Group UK Ltd.
Pitfield, Milton Keynes, MK11 3LW, UK
UKHW021829190726
13853UKWH00003B/1264